유아기 심리적 장애

정계숙 · 박명화 · 노진형
이은하 · 김미정 · 윤갑정 · 이정희 옮김

창지사

머 리 말

최근 아동의 정신건강 문제는 출현율의 급증 및 그 발생 원인과 구체적인 문제 행동 사례에 대한 대중적 보고 등으로 사회적 관심이 높아지고 있다. 특히 상급학교로 올라갈수록 그 발생율이 높아진다는 조사 결과는 아동의 정신건강 문제는 영유아기의 조기 발견과 치료가 매우 중요함을 말해주고 있다.

지난 2007년 5월 「장애인 등에 대한 특수교육법」이 통과되어 2010년에 만 5세 장애 유아부터 시작하여 2012년에는 만 3세까지 의무교육을 확대하며 장애 영아는 무상교육을 받게 될 것으로 공표되었다. 이에 유아 교육현장에서는 성공적인 장애 유아의 통합교육을 위해 물리적 환경 개선에서부터 교사의 교육역량 강화에 이르기까지 다각적인 노력을 하고 있다.

다양한 정신건강 문제를 가진 영유아들이 교육현장에 통합될 때 그들의 문제를 조기에 발견하고 진단할 수 있도록 부모와 협력하고 학급에서 교육적 진단을 통한 발달적 요구에 적합하게 지도를 하여 영유아의 성장발달에 직접적인 도움을 주는 사람은 교사이다. 더욱이 영유아기는 발달적 변화의 폭이 큰 시기이므로 교사의 영향력은 더욱 크다.

유아 교육현장에서 대부분의 교사는 특수 요구가 있는 유아들의 교육을 위해 부단히 노력하고 있다. 또한 최근에 교육과학기술부도 각급 학교에서의 통합교육 실시를 앞두고 사범대학 및 사범계열에 교직과목으로 『특수교육학 개론』이라는 교과목을 개설하여 특수 요구가 있는 아동의 교육을 위해 교사 교육을 강화하고 있다. 그러나 유아 교육분야의 연구자와 교사들이 교사양성 교육과정에 장애 영유아나 통합교육에 관한 실천적 교과목을 충분히 개설해야 할 필요성을 지속적으로 주장하고 있는 만큼 아직까지 현장교사들의 준비는 미흡한 실정이라 하겠다.

따라서 초임교사나 현장 경력이 많지 않은 교사들은 정신건강 문제 등 특수 요구를 가진 영유아를 지도하게 되면 많은 어려움을 겪게 되는데, 특히 교사로서 교수 효능감과 관련하여 부족한 느낌으로 자주 자신을 되돌아보게 된다. 이러한 자기반성은 많은 경우 교사의 역량을 높이는 계기가 되지만 때로는 교수효능감을 떨어트리기도 한다. 이때 교사들이 쉽게 활용할 수 있는 적절한 지도 지침서는 교수효능감을 높이는 데 도움이 될 수 있을 것이다.

역자들은 오랫동안 영유아들의 통합교육과 특수교육을 연구하고 그들의 정신건강을 위한 임상현장에서 일해 오면서 현장 유아교사들의 어려움에 귀 기울일 기회가 많았고 교사를 지원하는 방법에 대해 연구논문을 발표해 왔다. 그러나 연구논문은 현장교사들에게 직접적인 도움이 되지는 못한다는 판단을 하면서 교사들에게 보다 구체적이고 유용한 지원방법을 모색하게 되었다.

이 책 『유아기 심리적 장애』는 정신건강상의 어려움이 있거나 장애의 위험을 안고 있는 영유아의 지도에 어려움을 겪고 있는 영유아교사에게 도움이 되고자 Bilmes와 Welker(2006)의 『Handbook of Common Psychological Disorders in Young Children』을 번역하였다. 이 책은 영유아기 정신건강 전문가이자 심리학자인 Bilmes와 Welker가 각자의 지식과 경험을 토대로 영유아교사들이 직면하는 다양한 심리적 장애문제의 원인, 특징 및 중재와 교육방법에 대하여 상세하게 설명하고 있다. 특히, 다양한 심리적 장애에 대하여 교육현장의 구체적인 예를 들어 교사들이 보다 쉽게 이해하고 현장에서 바로 적용할 수 있도록 쉬운 용어와 문장으로 잘 풀어놓은 점은 이 책의 번역을 마음먹게 된 주된 요인이었다.

이 책은 총 12장으로 구성되어 있으며 크게 영유아의 심리적 장애를 이해하고 이에 적절히 대처하기 위한 기초 지식부분과 심리적 장애의 특징과 진단기준에 대한 설명부분으로 나누어진다. 들어가는 글은 정계숙이 번역하고 심리적 장애 이해와 대처방안에 관한 내용을 다루는 1장과 2장은 노진형이, 그리고 3장과 4장은 윤갑정이 번역하였다. 심리적 장애의 특징과 진단기준에 대한 설명부분인 5장~12장은 역자들의 연구경험과 관심을 반영하여 김미정이 5장과 6장을, 이정희가 7장과 10장을 번역하였고, 박명화가 8장과 9장을 그리고 이은하가 11장과 12장을 번역하였다. 각 장 번역의 완성도를 높이기 위해 일차 번역한 내용에 대해 모든 역자가 두 차례에 걸쳐 공동으로 검토한 후 마지막으로 대표 역자가 총괄적으로 재점검하는 방법을 취하였다. 따라서 번역과정의 모든 오류와 미흡한 점은 대표 역자에게 책임이 있다.

여러 역자들이 시간에 쫓기며 작업하고 탈고하다보니 역자들이 발견하지 못한 오류들이 있을 것이다. 그러나 현장에서 특수 요구가 있는 영유아를 지도하는 교사에게 한시바삐 작은 도움이라도 주고 싶다는 소망으로 일단 출판을 결심하였다. 앞으로 유아기 심리적 장애의 지도에 관한 더 좋은 지침서를 만들기 위해 계속 노력할 것을 다짐하는 것으로 부족한 점에 대한 위안을 삼고자 한다.

독자층이 그리 넓지 않은 번역서의 출판을 위해 오랫동안 기다려주고 애써주신 창지사 편집부 관계자 여러분께 진심으로 감사드리며, 책의 출판을 흔쾌히 허락해주신 김기섭사장님께 모든 역자들의 감사의 마음을 보낸다.

특수 요구가 있는 영유아의 지도에 어려움을 겪고 있는
현장의 유아교사를 생각하며

2010년 6월 어느 날에
대표 역자 씀

차 례

들어가는 글

명아는 행복하고 따스한 느낌의 네 살 된 유아이다. 그러나 아침에 교사와 인사하기 위해 자기 차례를 기다리는 것을 힘들어 한다. 명아는 가장 친한 친구인 은주와 자유선택놀이 시간에 여러 가지 창의적인 작품을 만드는 데 많은 시간을 보낸다. 명아는 집단 시간을 좋아하고 가끔은 자신이 좋아하는 이야기나 노래를 들려달라고 요구하기도 한다. 교실의 일과에 매우 익숙하여 새로 온 친구들을 종일 데리고 다니면서 안내도 한다. "나는 이 다음에 수의사가 되어 병든 말을 돌볼 거야" 라고 말한다.

리나는 명아와 같은 반이다. 원에 올 때 가끔 전날 입었던 옷을 그대로 입고 오거나 단정하지 못한 모습을 종종 보인다. 리나는 종종 심각한 표정을 지으며 다른 사람과의 눈 맞춤을 피한다. 명아와 은주가 여기 저기 탐색하고 있을 때도 리나는 유모차에서 아기인형을 들고 혼자서 다락 밑으로 들어가 앉아 있는 경우가 많다. 교사가 이름을 부르면 집단 모임에 들어오지만 참여하지는 않는다. 대신 다른 유아들이 노래를 부르거나 함께 했던 활동에 대해 이야기를 나누는 동안 엄지손가락을 빨며 앞뒤로 몸을 흔든다. 교사는 매일 리나에게 점심을 먹기 전에 손을 씻고 바깥 놀이터로 나가기 전에 신을 신도록 주의를 주어야 한다. 간식을 더 먹고 싶은지, 어떤 노래를 좋아하는지 또는 어떤 활동을 하고 싶은지 물어보면 리나가 항상 보이는 반응은 매우 작은 목소리로 "모르겠어요"라는 것이다.

네 살 된 정우가 원에 온 첫날은 아무런 문제가 없는 듯 보였다. 정우는 조용하게 다른 유아들을 관찰하고 교사에게 매우 예의 바르게 행동했다. 둘째 날 교사는 다락 아래에서 금붕어의 지느러미를 떼어내고 있는 정우를 발견하였다. 며칠 뒤 간식 시간에는 팬티에 오줌을 쌌다. 그리고 교사는 정우가 신선한 과일이나 낱개로 포장된 크래커만 먹는다는 것을 알게 되었다. 둘째 주가 시작되는 첫날 정우는 화장실에서 다른 유아에게 성적인 놀이를 시도하고 있는 것이 발견되

었다. 정우를 돌보고 있는 할머니는 정우가 새 원에 익숙해지려면 시간이 필요 하다고 말하였다.

많은 교사나 원장은 돌보고 있는 유아들의 이와 같은 행동 때문에 걱정을 해왔을 것이다. 대부분의 원에는 매우 겁이 많은 유아나 집단 활동에 참여하지 않는 유아, 또는 다른 유아를 때리거나 깨물고 머리를 바닥에 찧는 등의 난폭한 행동을 하는 유아들도 있을 것이다. 그런 행동을 하는 유아들을 보면 뭔가 문제가 있다는 느낌을 가지게 되고 정신질환, 아동 학대 또는 양육 소홀 등을 의심할 것이다. 또한 가족으로부터 이미 아이가 약을 복용하고 있거나 심리적 장애 때문에 어떤 처치를 받고 있다는 말을 들을 수도 있다. 정신질환 진단 여부를 떠나 문제 행동이나 정신건강 문제를 가진 유아는 교사나 원장을 혼란스럽게 만들고 좌절시킨다. 그러나 그들은 모든 유아들에게 안전하고 건강하며 도전감을 주는 환경을 균형 있게 제공하기 위해 노력하고 있다.

이 책에서는 유아들에게 영향을 주는 정신건강, 정신질환 및 특정 심리적 장애에 대해 안내한다. 또한 그러한 문제가 있는 유아들이 유아교육기관이나 생활 속에서 적응할 수 있도록 돕는 실제적인 교실 전략에 대해 안내하고, 더불어 이러한 문제를 파트너인 부모가 이해할 수 있도록 돕는 방법에 대해서도 안내한다.

정신질환에 대한 고정관념

지난 50여 년간 정신질환의 특성과 원인에 대한 이해에는 많은 진전이 있었다. 행동 및 뇌 과학자들은 정신질환은 개인의 결점이나 알 수 없는 초인적 힘의 작용이 아니라 대부분 임신기간, 가족, 문화 및 환경 내 영향 요인들 간의 복합적인 상호작용에 의해 발병한다고 밝혔다. 그러나 여전히 정신질환을 가진 것으로 진단받은 사람들에 대한 고정관념과 편견은 남아 있다. 정신질환을 가진 사람들을 여전히 '미친 사람' 으로 낙인찍고 두려워하고 배척

하는 일은 자주 일어난다. 가장 문제가 되는 것은 이러한 오해 때문에 자신이나 가족이 보이는 심리적 장애의 징후를 무시해 버림으로써 장애와 관련된 문제나 고통을 위기 상황이 닥쳐야만 다룰 수 있게 된다.

정신질환은 흔하고 치료 가능한 것이다.

정신질환은 생각하는 것보다 흔하다. 또한 뇌의 화학적 특성, 유전 및 인간 행동에 대한 지식에는 많은 발전이 있어 이전보다 더 치료 가능하게 되었다.

정신질환은 연령, 성, 사회경제적 수준 또는 교육을 불문하고 나타난다. 18세 이상의 미국인 중 약 26.2%가 진단 가능한 정신장애로 고통을 받고 있다(Kessler et al., 2005). 미국에서는 6백만 명 이상의 젊은이들이 가정, 학교 및 지역사회에서의 적응을 어렵게 하는 정신건강 장애를 가지고 있는 것으로 추정되고 있다(Surgeon General, 1999).

어떤 정신장애는 쉽고 빠르게 치료될 수 있으나 다른 어떤 정신장애는 치료될 수는 있지만 전 생애에 걸친 심각한 후유증를 낳기도 한다. 예를 들어, 우울증을 앓는 많은 사람들은 정상적인 생활을 유지하면서 이 장애를 관리할 수 있는데, 그들은 가족과 친구의 지원을 통한 생활양식의 변화, 상담자나 성직자와의 만남 또는 약물과 심리치료 병행 등으로 도움을 받을 수 있다. 정신분열증 또는 양극성장애와 같은 더 심각한 정신질환을 가진 사람도 적절한 지원과 전문적 중재로 행복하고 생산적인 삶을 살 수 있다.

유아 정신질환

어떤 사람의 행동이 장애로 인한 것인지 아닌지를 말하기 어려운 때가 자주 있다. 우리는 모두 개인적 양식으로 세상에 존재하고 행동하는 독특한 개

체이다. 따라서 유아의 장애에 대해서 이야기할 때는 더 어려워지는데, 유아들은 자연스럽게 발달하고 상대적으로 짧은 기간에 매우 빠른 변화를 보이기 때문이다. 유아들에게 정상적인 행동이 더 나이든 아이들에게는 문제의 징후일 수 있다. 예를 들어, 기질폭발은 2세 유아들에게는 일상적인 것이지만 15세 아동에게는 우려를 낳는다. 아동의 타고난 독특한 특성과 개인적인 초기 경험—가족, 다른 양육자, 문화 및 환경의 영향에 따른—을 고려하게 되면 아동의 행동을 평가하는 것은 더욱 힘들다.

아동의 정신건강과 질환 정의하기

아동의 정신건강과 질환에 대한 정의는 쉽지 않은 반면에 이 용어를 정의하는 것은 매우 중요하다. 「아동과 정신건강에 대한 보고서(U.S. Department of Health and Human Services, 1999)」에 따르면 아동의 정신질환은 '기대되는 인지, 사회 및 정서 발달로부터의 심각한 일탈'로 정의되고 있다. '심각한 일탈'이라는 표현은 정신질환에 대해 언급할 때 중요하게 고려되는 몇 가지 가정을 포함하고 있다. 예를 들어, 비일상적인 행동이 집에서만 일어나거나 한 번만 일어났다면 이것은 '심각한 일탈'에 해당되는 것일까? 비일상적인 행동이 장애로 간주되기 위해서는 다음과 같은 점들이 나타나야 한다.

> **정신건강**
>
> 아동과 청소년의 정신건강은 기대되는 인지, 사회, 정서적 발달 단계의 성취 및 안정 애착, 만족스러운 대인 관계, 그리고 효율적인 극복 기술에 기초하여 정의된다. 정신적으로 건강한 아동과 청소년은 생활의 긍정적인 면을 즐기며 가정, 학교 및 지역사회에서 적절히 기능하고 정신병리의 장애적인 증상이 없다(Hoagwood et al., 1996).

- **증상은 자주 일어나고 장기간 지속되어야 한다.** 장애마다 증상이 발생하는 빈도와 지속시간의 기준이 다르지만, 일반적으로 증상은 장기간 지속되며 또한 나타나지 않는 때도 있다.
- **증상은 하나 이상의 환경에서 나타난다.** 집, 학교, 종교기관 또는 다른 사회적 환경 등 하나 이상의 환경에서 증상이 나타난다.
- **증상은 심각한 고통이나 기능상의 손상 혹은 두 가지 모두를 야기한다.** 아동의 증상은 기대되는 성장과 발달을 이루기 어렵게 한다. 다음과 같은 아동들이 그런 경우이다: 지적 학습이 어려운 주의력 문제가 있는 아동, 위축되고 사회적 기술을 학습하지 못하는 아동, 공격적이고 학교의 기본 규칙과 요구를 따르지 못하는 아동, 또는 친구를 사귀지 못하는 아동이 해당된다.

힘든 유아를 대하는 어려움

미국 사회 전체의 유아 교육 및 보육 기관의 교사와 원장들은 유아들이 위축에서부터 통제 불능에 이르기까지 점점 더 많은 스트레스의 징후를 보인다고 보고하고 있으며 또 많은 교사들이 유아들에게 안전하고 건강한 환경을 제공하는 것이 그 어느 때보다도 어렵다고 말한다. 그러므로 문제 행동에 효율적으로 반응하는 방법을 배우고 이런 행동의 원인이 되는 심리적 장애에 대해 이해하게 되면 힘든 유아를 지도할 때 보다 쉽게 대처할 수 있게 된다.

이 책에 대하여

이 책은 유아들에게 일어날 수 있는 행동 및 정신건강 문제를 다루는 데 있어 유아 교육전문가로서의 역할에 도움을 주기 위해 저술되었다.

제1부에서는 유아기의 심리적 장애를 이해하고 대처하는 방법을 제시하고 있는데, 1장에서는 유아기 정신건강 발달의 전형적인 단계와 이에 영향을 주는 요인들에 대하여 다루었다. 2장은 세심한 관찰이 요구되는 정서적 · 행동적 문제들에 민감해질 수 있도록 돕는다. 3장에서는 유아의 사회적 · 정서적 문제 행동을 지도하는 데 필요한 전략을 소개하고 있다. 4장에서는 유아의 문제를 돕기 위해 가족과의 의사소통 및 협력을 위한 상호 존중 관계의 중요성에 대해 제시하고 있다. 제2부에서는 유아기에 흔한 여러 정신장애에 대하여 전형적인 증상, 원인, 치료와 중재 및 유아교육기관에서 사용할 수 있는 전략을 요약하였다.

유아 발달심리학 분야는 비교적 새로운 분야이지만 계속 진보하고 있다. 새로운 약, 처치 및 진단 기술이 지속적으로 개발되어 가족과 다른 양육자로 하여금 유아의 심리적 장애를 이해하고 관리하는 데 도움을 주고 있다. 장애를 가진 유아가 생애의 가장 중요한 한 시기를 보내게 되는 유아교육기관의 원장과 교사는 그 과정의 중요한 파트너로서 그들의 성장을 도울 수 있다.

제1부

유아기 심리적 장애에 대한 이해와 지도

Understanding and Responding to Psychological Disorders in Young Children

1장

유아 정신건강 발달의 영향 요인

들어가는 글에서 언급했듯이 유아의 정신건강 발달은 유전과 양육의 결과이다. 유아는 발달에 영향을 미치는 자신만의 독특한 소인들을 가지고 태어난다. 이와 동시에 유아의 가족, 문화, 환경은 다방면에 걸쳐 유아의 발달, 행동 그리고 정신건강 형성에 영향을 준다.

유전적 취약성으로 인하여 우울증과 같은 정신장애를 보일 성향을 지닌 두 명의 유아가 태어났다고 가정해 보자. 그 중 한 유아가 예측 가능하고 지지적인 환경 속에서 양육하는 부모에게 강한 애착을 형성한다면 장애로 발전될 가능성은 줄어들 것이다. 반면 위탁가정이 자주 바뀌면서 위험하고 예측 불가능한 사건들이 연속적으로 일어나는 생활을 경험하는 유아의 경우는 장애의 발병 위험이 높을 것이다. 그것은 유아의 발달을 결정하는 타고난 성향, 가족 역동성, 문화와 환경 간의 복합적인 상호작용으로 볼 수 있다. 이러한 상호작용을 고려하지 않고 물어뜯거나 짜증 내는 등의 유아의 행동 자체에만 초점을 둔다면, '그 애는 나빠!', '그 애를 조심해!' 또는 '엄마가 항상 애기 취급을 하기 때문에 그 애는 혼자서 아무것도 못해!' 등의 성급한 결론을 내리게 된다.

교사는 상담사에게 다섯 살 된 대성이가 먹는 것을 훔친다고 말했다. "대성이가 다른 아이의 간식을 몰래 훔쳐 먹고, 몇 번이나 내 책상 속의 과자를 꺼내려는 것을 보았어요" 교사는 대성이에게 훔치는 행동에 대해 몇 달 동안 수차례 반복해서 주의를 주었지만, 대성이는 여전히 거의 매일 간식을 훔친다고 말하였다. "그 애는 타인과 타인의 소유물을 개의치 않는 나쁜 아이다"라는 것이 교사의 결론이었다.

대성이의 성장과정에 대한 부모와의 상담 후 상담사는 교사에게 대성이가 18개월에 입양된 사실을 알려 주었다. 대성이는 영아기에 버려졌고 거리에서 구조된 뒤에도 몇 달간 아이들이 많은 고아원에서 지냈으며 입양 당시 심한 영양실조로 고생하고 있었다고 하였다. 이러한 상황을 듣게 된 교사는 대성이를 완전히 다른 시각으로 보게 되었다. 부모, 교사 및 상담사가 한 팀이 되어 돌본 결과, 대성이는 많은 어른들이 자신에게 애정을 가지고 있으며 더 이상 굶지 않고 안전하게 지낼 수 있다는 것을 알게 되었다. 교사는 한 걸음 물러서서 보다 포괄적인 시각을 가지면서 대성이의 행동을 보다 정확하게 이해할 수 있었다. 몇 주간의 집중적인 노력으로 대성이는 더 이상 음식을 훔치지 않았다.

유아의 문제 행동의 원인은 종종 드러난 것보다 훨씬 더 복잡하다. 이것을 더 잘 이해하기 위해서 네 가지의 기본 요인이 어떻게 복합적으로 작용하여 유아의 행동으로 나타나는지 자세히 알아보자.

- 생득적 특성(예 기질과 유전적 특징)
- 가족 및 다른 양육자와의 관계
- 문화
- 환경

유아를 지원하는 가장 좋은 방법은 무엇인지, 무엇 때문에 유아가 남을 귀찮게 하는지에 대하여 보다 심층적으로 이해하기 위해서는 반드시 네 가지 요인을 모두 고려해야 한다. 모든 정보를 함께 고려할 때 왜 유아가 그런 식으로 행동하는지, 그 유아를 도울 수 있는 최선의 방법은 무엇인지에 대해 더 잘 이해할 수 있다.

1. 생득적 특성

가족, 문화 그리고 환경은 유아의 정서발달에서 중요한 역할을 하지만 유아 자신도 하나의 영향 요인이다. 각 유아는 독특한 신체적, 정서적, 그리고 발달적 특징을 가지고 태어나고 성장한다. 유아는 서로 다른 기질을 가지고 있으며 서로 다른 속도로 자란다. 유아 간의 개인차는 어떤 행동이 정상발달의 한 부분인지 혹은 보다 관심을 요하는 증상인지를 결정하기 어렵게 만든다. 유아가 기질적으로 수줍음을 타는 것인지 혹은 의기소침한 것인지, 4세이면서 '미운 두 살' 의 특징을 보이고 있는 것인지 또는 적대적반항장애의 징후를 보이는 것인지 등 비전형적인 행동을 이해하기 위해서는 일반적인 유아 발달지표에 대한 관찰, 경험, 그리고 지식이 필요하다.

1) 신체적 요인

정신 병리를 야기하고 영향을 주는 신체적 요인은 세 가지로 범주화된다: 태내기와 출생, 유전 및 상해, 질병 또는 장애.

임신과 출산 한 가지 예로 엄마가 임신 중에 알코올이나 약물을 사용했거나 저체중 등의 이유로 미숙아로 태어난 아기는 문제 행동과 정신병리를 가질 위험이 높다.

유전 정신질환을 가진 가족이 있는 경우 유아도 그 가능성이 높아진다. 예를 들면, 우울한 부모에게서 태어난 유아는 우울증을 가질 가능성이 높다.

상해, 질병 또는 장애 시각 또는 청각적 위험, 언어발달지체, 감각적 문제 또는 학습장애가 있는 유아는 사회적 혹은 정서적 어려움을 가질 위험이 높다. 유아기 초기의 상해나 질병은 그 행동에 지속적으로 영향을 미친다. 이러한 경험과 영향들은 생득적인 것이 아니지만 생득적인 요인과 같이 유아의 행동에 영향을 줄 수 있기 때문에 여기에 포함되었다.

2) 정서적 특성

영아는 주변 세계와의 상호작용을 결정하는 독특한 기질을 가지고 태어난다. 생득적 기질에 기초한 행동의 차이는 아주 명백하다. 조용하고, 주의 깊은 기질을 가진 유아는 오랫동안 놀이집단을 관찰한 후 그 놀이에 참여하지만 보다 대담하고 외향적인 기질을 보이는 유아는 다른 아이들이 무엇을 하고 노는지를 파악하기도 전에 곧바로 집단에 들어간다. 쉽게 놀라는 아기는 초인종 소리에 울음을 터트리겠지만 낙천적인 아기는 호기심을 가지고 주변을 돌아볼 것이다. 기질은 다음과 같은 특성과 행동을 포함한다.

예민함 쉽게 당황하는가? 아주 작은 소리에도 깨는가?

주의집중 시간 유아가 1, 2분 동안 눈을 맞추고 있는지 혹은 즉시 돌려버리는지? 주의가 한 사물에서 다른 사물로 쉽게 흐트러지는지?

활동성 수준 항상 깨어 있고 자각적이며 어디로든 갈 준비가 되어 있는가? 조용히 앉아서 주위를 쳐다보는 것을 좋아하는가?

주의산만성 주변에 어떤 일이 일어나도 진행 중인 과제에 계속 집중하는가? 가까운 곳에서 일어나는 아주 사소한 것에도 쉽게 주의가 흐트러지는가?

반응 강도 갑작스런 소리에 놀라지만 쉽게 평정을 찾고 하던 일을 계속하는가? 쉽게 놀라고 울기 시작하는가?

일상 리듬 발달 자고, 먹고, 노는 자신만의 패턴을 발달시키는가? 배고픔과 졸음이 불규칙적으로 나타나는가?

3) 발달적 특성

유아는 인지, 신체, 정서 발달에 따라 예측 가능한 행동도 나타나지만 때로는 진보하고 때로는 후퇴하기도 하면서 자기만의 속도로 끊임없이 변화하고 발달한다. 이번 주에는 아기가 우유병을 찾지 않을 수도 있지만 다음 주에는 새 이빨이 나기 시작하면서 다시 달라고 할 수 있다. 아침에 부모가 차에서 내려줄 때 울더라도 처음 만나는 교사에게 쉽게 애착을 형성하게 되면 헤어질 때 더 이상은 울지 않을 수도 있다.

어떤 발달적 불일치는 보다 심각한 문제의 신호일 수 있다. 깨물기와 같은 2세 영아의 전형적인 행동을 4세 유아가 한다면 걱정을 하게 된다. 격한 짜증은 4세 유아에게는 일반적이지만 13세 아동에게는 그렇지 않다.

유아는 자신만의 독특한 강점과 약점이 있다. 언어적 유능성이 있는 4세 유아는 보다 빠르게 우정을 발달시킬 수 있으며 리더가 될 수 있겠지만, 언어에 문제가 있어 극 놀이영역에 혼자 남겨진 4세 유아는 더 이상 또래와 놀지 않으려고 할 수 있다.

〈부록〉에 있는 사회적 · 정서적 발달이정표는 영아에서부터 유아에 이르기까지의 발달적 기대를 보여준다. 유아들은 자신만의 속도로 기술 발달의 단계를 통과하지만 이 이정표는 특정 연령에서 전형적으로 나타나는 기술이 무엇인지를 알려준다. 일반적으로 느리게 발달하는 유아도 있고 빠르게 발달하는 유아도 있다. 어떤 유아들은 한 영역에서는 빠르게 발달하지만 다른 영역에서는 느리다. 유아가 제 나이에 맞는 발달이정표에 도달하는지 보다는 시간이 지나면서 어떤 성장 패턴을 보이는지가 더 중요하다. 유아는 새로운 기술을 발달시키면서 한 단계씩 나아가야 한다. 유아가 오랫동안 한 수준에 정체하거나 여러 달에 걸쳐 계속 퇴행한다면 그때는 전문적인 상담을 받아보도록 부모에게 권유해야 한다.

2. 가족의 영향

관계는 건강한 발달을 짓는 벽돌과 같다. 영아와 유아 모두 다른 사람과의 관계를 통해서 사회적 · 정서적 학습을 한다. 돌보는 사람과 유아 간의 관계의 질은 전체적인 발달과 정신건강에 영향을 주는 가장 중요한 요인이다. 주양육자(주로 부모 혹은 후견인)와의 관계는 가장 큰 영향을 미친다. 만일 유아가 일주일에 3~5일 정도 유아교육기관에서 지낸다면, 담임교사 역시 제2의 양육자로서 유아에게 지대한 영향을 미치게 된다.

부모와의 관계는 양방향(two-way street)이다. 부모의 기질과 아기의 기질 간의 일치는 '조화의 적합성' 으로 불린다. 매우 조용하고 주의 깊은 아기는 차분한 부모와 있을 때 편안함을 느끼지만 목소리가 크고 활달한 부모에게 많은 스트레스를 받을 수 있다. 활동적이고 재빠르고 호기심 많은 아기는 적극적으로 상호작용하는 부모와는 즐거운 시간을 보내지만 수동적이고 조용한 부모와는 그렇지 못할 것이다.

양육자(부모 및 교사)와의 관계의 특징과 유아와 양육자 간의 조화의 적합성은 특히 중요한데, 그 이유는 양육자와의 반복된 상호작용이 일정한 패턴을 만들고 자신과 세계, 그리고 타인에 대한 기대 혹은 '모델' 로 내면화되기 때문이다. 이러한 기대는 유아가 발달하면서 더 넓은 세계와 상호작용하는 방법을 결정하는 중요한 역할을 한다. 뇌 발달과의 관련성에 관한 연구에 따르면, 초기 양육경험에 의해 형성된 뇌의 신경회로는 시간이 지나면 점점 더 변화되기 어렵다고 한다. 양육자와의 관계는 유아가 자신, 관계 및 주변 세계에 대해 어떻게 생각하는지에 지대한 영향을 미친다.

1) 유아 자신

자기존중감과 자기효능감 부모가 지속적으로 반응적이고 양육적일 때 유아는 자신이 가치 있는 존재이며 도움과 안락함을 얻기 위해 다른 사람들에게 의지할 수 있다는 사실을 배우게 된다. 다른 사람들에게 자신의 요구를 말할 수 있으며 그러한 요구들이 충족될 것이라는 것도 알게 된다. 도움이나 음식 또는 안락함에 대한 요구가 적절하게 충족되지 못하는 환경에서 자라게 되면, 유아는 자신의 욕구를 충족시키는 데 무력함을 느끼고 스스로 가치 없는 존재라고 믿게 된다.

또한 부모가 자녀에 대해 비현실적 기대를 보일 때도 자녀는 자신을 가치 없는 존재로 느낄 수 있다. 예를 들어, 부모가 2세 영아에게 자기가 가장 좋아하는 장난감을 다른 아이와 함께 가지고 놀도록 하거나 4세 유아에게 '줄에 맞추어 깔끔하게 글쓰기' 등을 요구하게 되면 유아는 당황하고 의욕을 잃게 된다. 부모가 유아에게 자주 윽박지르거나 위협하는 태도로 대하면 시간이 지나면서 유아는 정신적 고통을 호소하게 된다.

자기조절 자기조절은 유아기 발달의 기초이다. 이것은 출산과정에서 혼자 힘으로 아무것도 할 수 없는 영아와 부모 간의 함께 조절하기에서부터 시작된다. 아기가 고통을 받을 때 부모는 아기가 원하는 것이 무엇인지를 알기 위해서 할 수 있는 모든 것을 하며 아기를 달랜다. 부모의 안경과 같은 위험한 것을 아기가 잡으려고 할 때 부모는 부드럽게 아기의 손을 치운다. 아기를 밖에 데려가거나 아기의 주의를 끌만큼 흥미로운 것을 찾아보기도 한다. 시간이 지나면서 영아는 스스로 진정하는 법, 자신의 행동을 조절하는 방법 그리고 초점을 맞추어 주의를 기울이는 방법 등을 배우게 된다. 이러한 세 가지 종류의 자기조절, 즉 정서, 행동 그리고 주의조절은 초기의 모든 학습과 발달에서 요구되는 것이다.

영아가 정신적 스트레스를 적절히 다룰 수 있도록 부모가 반복적인 일과, 일관적인 기대, 적절한 달래기 및 정서적 지원을 제공하면 영아는 자기조절 기술을 발달시키는 데 요구되는 연습을 하게 된다. 부모의 반응이 혼란스럽고 불명확하거나 유아가 발달상의 좌절과 정신적 고통을 다룰 수 있도록 돕지 못한다면 유아는 자신의 정서를 조절하는 법을 배우는 데 어려움을 겪게 된다. 부모의 일관적이지 못한 기대와 제한 설정은 유아가 규칙을 배우고 행동을 조절하는 능력을 발달시키기 어렵게 한다.

2) 관계

사회적 지지와 격려는 정신건강을 위한 또 다른 필수 요소이다. 부모가 정서가 결여되고 냉정하며 상처를 주는 사람이라면, 아기는 타인을 신뢰하지 못하고 두려워하여 회피할 대상으로 인식하게 된다. 그러한 환경에서 양육되는 아기는 다른 사람과의 의사소통과 사회활동 참여를 어려워한다. 반면 따뜻하고 온정적이며 지지적인 환경에서 양육되는 아기는 다른 사람들과 의사소통 하고 관계를 맺는 즐거움과 그 중요성에 대해 배우고 자신이 속해 있는 문화에 맞는 사회적 기술과 의사소통 방법을 보다 빠르게 습득하게 되는데, 이러한 기술들은 정신건강 발달에 필수적이다.

3) 주변 세계

비 일관적이고 거칠거나 혹은 방임적인 부모에게서 자라는 유아와 따뜻하고 사려 깊은 부모에게서 자라는 유아는 주변 세계에 대해 서로 다른 생각을 발달시키게 된다. 유아에게 가정은 그들이 속한 하나의 세계이다. 친절하고 온화한 가정환경은 유아로 하여금 주변 세계를 행복한 곳으로 보게 한다. 가정환경이 거부적이고 모순적이라면 유아는 주변 세계를 냉혹하고 모순된 곳이라고 생각하게 된다.

3. 문화의 역할

유아의 행동은 가족의 문화적 전통 속에서 관찰함으로써 더 정확하게 알 수 있다. 문화는 우리가 생활하고 다른 사람과 관계 맺고, 주변 세계와의 상호작용을 결정하는 모든 가치, 규칙, 그리고 지침을 담고 있다. 문화적 전통은 식사예절과 아이를 양육하는 방법, 가족과 가정에 대한 개념과 신념 및 예의범절에서 남녀의 역할과 기대 등 모든 것에 영향을 준다.

전통과 규준은 문화마다 다양하기 때문에 우리는 각자의 문화적 배경에 기초하여 자아, 관계 그리고 세상에 대한 고유한 기대를 발달시킨다. 유아의 '심리적 자아' 를 이해하기 위해서는 유아의 '문화적 자아' 를 이해할 필요가 있다.

각 문화마다 영아를 양육하는 방식은 매우 다양하다. 그리고 부모 각자는 정상 발달이란 무엇인지, 유아와 관련된 가족원 각각의 역할은 무엇인지, 심지어 특별한 행동이 의미하는 바가 무엇인지 등의 유아 양육 실제에 대한 각자의 신념을 가지고 있다. 어떤 문화권에서는 부모의 침대에서 아기와 함께 자는 것을 권장하지만 다른 문화권에서는 매우 이른 시기부터 별도의 침대에서 혼자 자게 한다. 대소변 훈련을 매우 빨리 시키는 문화권도 있지만 보다 방임적으로 접근하는 곳도 있다. 어떤 문화권에서는 가능한 한 일찍이 유아 스스로 먹도록 가르치지만 다른 문화권에서는 걸음마기를 지나서까지 어머니가 아이에게 먹여주기도 한다.

얼마나 빨리 일상생활 기술을 스스로 행하는지에 대한 서로 다른 기대뿐 아니라 어떤 행동과 연관된 의미 역시 문화마다 다양하다. 예를 들어, 그네를 밀어달라고 하는 유아에게 어떤 가족은 의사소통을 위해 말을 사용했다는 이유로 칭찬을 하지만 다른 가족은 그러한 행동이 지나치게 자기를 주장하는 행동이라고 꾸중을 할 수도 있다. 때리는 친구에게 공격적으로 맞서는 남아를 어떤 가정에서는 강하고 남자답다고 여기지만 다른 가정에서는 그러한 행동이 폭력적이며 부적절하다고 생각할 수도 있다. 자기존중감이 낮아서 지나치게 수동적으로 보이는 여아는 사실상 가정에서 여성적인 아이가 되기를 기대하는 방식대로 행동하는 것일 수도 있다. 다양한 문화적 규준에 대한 이해가 없으면 유아 행동의 의미를 잘못 판단하기 쉽다.

네 살 된 로자에게 자기 장점에 대해 말하도록 하면 로자는 "우리 오빠와 언니"라고 대답한다. 강 교사는 로자가 보다 나은 자기 가치를 인식할 수 있도록 돕기 위해 "너의 특별한 점은 뭐니?"하고 다시 묻는다. 로자는 강 교사를 빤히 쳐다보면서 재차 "우리 오빠와 언니요"하고 대답한다. 강 교사는 로자의 대답이 자기가 특별하거나 독특한 존재라는 것을 전혀 모르는 것으로 해석하여 로자의 자기개념이 발달되어 있지 않다고 생각한다.

하지만 가정과 문화적 맥락을 고려하여 살펴보면 로자가 라틴계 가정의 7명의 아이 중 하나이며, 가족 내에서 다른 무엇보다도 가족과의 관계를 가장 중요시 여긴다는 것을 알 수 있었다. 장난감이나 선물을 받으면, 아이는 형제들과 공유하는 것을 당연하게 여긴다. 가족을 가장 중요시 하는 것은 로자에게는 문화적 규준이며 기대이므로 '자신의 특별한 것'에 대해 대답할 때, 형제라고 말하는 것은 건강하고 당연한 행동이다. 로자는 자기존중감이 낮은 것이 아니라 가족의 문화와 관련하여 자신이 누구인지에 대해 잘 이해하고 있는 것이다.

자녀의 건강한 정신적 · 정서적 발달을 촉진하는 자녀양육에 대한 신념과 관습은 문화마다 차이가 있다. 그러나 문화적 다양성과 무관하게 양육 실제에서 부모와의 애착은 유아의 건강한 발달에 필수적이다.

4. 환경의 영향

유아의 정신건강 발달에 네 번째로 주요한 요인은 환경이다. 도서관, 인형극 극장, 서점에 자주 가 본 유아는 읽기 학습에 대한 흥미와 기초 능력을 가지고 유아교육기관에 올 것이다. 바깥놀이, 운동장 달리기, 나무타기 및 수영 등의 놀이를 많이 해 본 유아는 활동적인 바깥놀이 참여에 대한 기대를 가지고 온다. 반면 창의적 놀잇감과 놀이경험이 제한되고 TV나 전자게임을 주로 하는 가정에서 자란 유아는 창의적인 학습환경에 참여하는 데 어려움을 겪을 것이다.

또한 양육환경의 질은 중요한 환경적 요인이 될 수 있다. 일관적이고 반응적인 교사와 풍부하고 촉진적인 학습 영역과 활동을 제공하는 유아교육기관은 유아의 정서발달을 포함한 전반적인 발달을 지원한다. 교사의 잦은 교체, 비 일관적인 규칙과 중재 및 부족한 자극은 유아의 정서적 성장과 발달에 부정적 영향을 미칠 수 있다.

유아의 경험 역시 가정, 이웃, 그리고 전체 지역사회에서 경험하는 모든 종류의 인간적인 상호작용과 같은 심리적 특성을 포함한다. 예를 들어, 가정폭력이 만연하거나 집단 폭력을 종종 볼 수 있는 곳에서 사는 유아는 다른 사람과의 상호작용에 대해 더 불안해하고 불신하며 두려워하거나 공격성이 높을 것이다. 폭력을 목격하는 것은 직접적으로 폭력을 경험하는 것만큼이나 정신적 충격이 크다. 한 연구에서는 어머니에 대한 공격행동을 본 걸음마기 영아들이 실제 폭행을 당한 유아보다 외상후스트레스장애(PTSD)가 더 심각한 것으로 나타났다(Scheeringa & Zeanah, 1995).

다른 연구에서는 스트레스가 뇌 발달에 영향을 주기 때문에 지속적인 스트레스를 받고 자라는 유아는 이상 행동을 보인다고 하였다. 스트레스 상황에서 분비된 화학물질은 뇌를 뒤덮고 유아의 생득적 생존체계를 자극하며 뇌는 이러한 화학물질에 지속적으로 노출될 때 화학물질에 대한 민감성이 바뀐다. 계속적인 스트레스를 경험하는 유아는 더 잘 놀라게 되고 악의 없이 우연히 부딪혀도 그것을 공격적인 행동으로 여기며 반응하게 될 것이며 놀이에서도 편안하게 이완되지 못하고 항상 싸우거나 도망갈 준비를 하는 것처럼 보인다. 일상생활에서 주기적으로 폭력을 목격하는 유아는 일반적으로 폭력과 공격성에 대해 냉담하고 무관심해지고 정신건강상의 합병증 발병률이 매우 높다.

5. 교사의 역할

교사는 유아의 정신건강 발달에 있어 매우 중요한 역할을 하며 안전하고 예측 가능한 환경과 양육적인 관계를 제공한다. 또한 교사는 유아의 사회적 관계, 자기개념, 자기조절, 의사소통 기술 그리고 사회적 기술을 지원해줌으로써 보호 요인을 증가시킬 수 있다. 유아의 가족 및 관련기관과 협조함으로써 유아의 기본적인 신체적, 정서적 욕구를 충족시키고 스트레스를 줄여 위험 요인을 감소시키는 데 도움을 줄 수 있고 유아 발달에 대한 지식을 바탕으로 적절하지 않은 일을 가장 먼저 알아차리고 부모와 대화를 하는 것도 교사이다. 교사는 건강한 정서적 환경을 조성하여 문제 행동을 겪거나 정신건강 문제로 진단을 받은 유아를 지원하는 전략도 추가적으로 적용할 수 있을 것이다.

〈부록〉에 있는 영아기부터 유아기까지의 사회적·정서적 발달이정표는 각 시기별 발달의 기준이 되는 행동의 예를 제시하고 있다.

2장

정신병리 증상을 보이는 유아 행동 관찰

유아의 정신건강 상태를 판단하는 것은 고무장갑을 끼고 어두운 곳에서 미끄러운 뱀장어를 잡으려고 하는 것과 같다. 유아의 행동과 정신건강은 생득적 특성, 가족, 문화 그리고 환경 등에 영향을 받는데, '문제라고 할 만큼 심각하지 않은 행동' 도 일탈된 것일 수도 있다. 이 장은 유아를 진단하는 과정과 그 과정에서의 어려움 및 교사의 역할을 이해하는 데 도움이 될 것이다.

1. 진단

오랜 시간에 걸쳐 정신건강 전문가들과 과학자들은 '정신병리' 로 보이는 사람들의 행동을 연구한 결과 특정 증상이 지속적으로 나타나면 장애진단을 내릴 수 있다고 밝혔다. '진단' 이란 특정 장애로 정의되는 증상들을 기술하는 용어이다. 진단 준거는 새로운 연구와 임상에 의해서 계속 변화되며 세분화되고 있다.

오랫동안 임상가들은 영유아는 진단 가능한 심리적 장애를 가지고 있지 않다고 여겨 왔다. 영유아가 그러한 지속적인 문제를 경험할 만큼 인지적, 정서적으로 성숙되어 있지 않다고 생각했기 때문이다. 영유아기의 심리적, 정신적 건강은 성장하고 변화하기 때문에 계속적인 연구가 필요하다.

정신건강 임상가들은 『정신장애 진단 및 통계 편람(DSM-IV-TR)』을 사용하는데, 이것은 임상가들이 성인과 유아에게 나타나는 정신병리를 진단할 수 있도록 미국정신의학회에서 만든 표준화된 도구이다. 최근 민간 비영리 단체인 「Zero to Three」도 영아 및 걸음마기의 진단에 사용할 수 있는 도구인 『개정 영유아기의 정신건강 및 발달적 장애의 진단체계(DC: 0-3R)』를 내어 놓았는데, 이것은 『정신장애 진단 및 통계 편람(DSM-IV-TR)』에 보충적으로 사용될 수 있다.

진단은 유아가 겪고 있는 문제를 이해하고 중재 및 치료계획을 세우는 데 도움을 주지만 최근에는 보험 혜택을 받기 위해서도 진단이 필요하다. 또한 진단은 어떤 부분에 초점을 두고 연구해야 할지를 결정하는 것뿐만 아니라 교사에게도 도움을 준다. 유아가 특정 정신장애로 진단받게 되면 예측되는 행동이 무엇인지 또한 그런 행동에 대해 교사가 어떻게 반응하는 것이 최선인지를 알게 해준다.

정신건강 관계자, 소아과 의사 그리고 여러 지원기관들은 유아의 요구와 행동을 보다 정확하게 이해하기 위해 한 가지 이상의 표준화된 선별도구를 사용한다. 어떤 도구는 유아에 관한 정보를 파악하기 위해 유아의 가족이나 교사를 대상으로 실시하며 어떤 도구들은 정신건강 전문가들에 의해서만 사용되며 유아의 가족이나 교사의 정보를 필요로 하지 않는다. 부모는 자녀가 검사를 받았거나 받게 될 것을 교사에게 알려줄 수도 있고, 그 검사결과의 복사본을 줄 수도 있다. 검사 결과는 치료 및 중재를 요하기도 하고 그렇지 않을 수도 있다.

들어가는 글에서도 강조했듯이, 유아에게 나타나는 정신병리는 '기대되는 인지적, 사회적, 그리고 정서적 발달로부터의 심각한 일탈' 이다(미국보건후생성, 1999). 또한 심각한 일탈을 정신병리로 간주한다면 중요한 몇 가지 조건이 포함되어야 한다. 예를 들어, 특이한 행동이 가정에서만 일어나거나 단 한번 일어났다면 심각한 일탈이라고 할 수 없다. 장애로 진단하기 위해서는 다음의 조건이 충족되어야 한다.

- 증상은 자주 그리고 오랜 기간 지속된다.
- 증상이 하나 이상의 환경에서 나타난다.
- 증상이 심각한 고통이나 기능상의 손상 혹은 두 가지 모두를 야기한다.

진단을 내리기 전에는 많은 요인을 고려해야 한다. 어떤 유아의 경우 한 준거에는 일치하지만 나머지는 해당되지 않을 수 있고 어떤 유아는 모든 증상을 보이지만 단기간에 나타나거나 학교에서만 나타날 수 있다. 또 어떤 유아는 이 모든 증상들을 나타내지만 적절한 발달과 참여가 가능할 수도 있다. 모든 준거에는 해당되지 않으나 일부 준거에 해당되는 유아는 장애로 진단되지 않더라도 유아교육기관의 부가적인 지원과 이해가 필요하다. 진단을 신중하게 하는 것은 유아를 낙인찍거나 부정확하게 판단하는 것을 피하기 위해서이며 진단은 자격을 갖춘 정신건강 전문가에 의해서 이루어져야 한다. 교사의 역할은 유아의 문제 행동에 관하여 부모와 의논하고 필요하다면 전문가의 평가를 받아보도록 격려하는 것이다.

부모가 오랜 시간이 걸리는 진단과정이나 평가를 받을 것이라고 확신할 수 없다. 부모는 교사로부터 얻은 정보를 무시하거나 치료 및 중재 과정에서 교사를 제외시킬 수도 있다. 부모가 교사와 긴밀한 협조를 하던 하지 않던 간에 교사는 사회적 · 정서적 어려움을 겪고 있는 유아를 돕기 위해서 전략이 필요하다. 특정 진단을 받은 유아에게 적용할 수 있는 전략이 5장~12장까지 제시되어 있다. 정신건강 전문가와 접촉이 가능하다면 이러한 전략을 고안하고 실행할 때 한 팀으로 작업할 것이 권장된다.

많은 과정을 거쳐 진단을 한다고 하더라도 진단자체로 문제가 해결되는 것이 아니라 오히려 유아의 행동을 이해하는 출발점이 된다. 각 유아는 독특하기 때문에 최선의 결과를 얻기 위해서는 유아의 특성에 맞추어 중재가 제공되어야 한다.

진단과 관련된 어려움과 전략

유아들의 심리장애를 신속하고 정확하게 진단하는 것은 복잡하고 많은 어려움이 따른다. 교사가 직면하게 되는 가장 큰 어려움과 그것을 다루는 데 필요한 전략이 아래에 제시되어 있다.

어려움 : 정신병리와 유아의 정신건강에 대한 잘못된 신념

들어가는 글에서 정신병리에 관한 일반적인 신념과 믿음에 대해 잠시 언급한 바 있다. 잘못된 믿음에서 비롯된 고정관념과 편견은 유아에게 정신건강을 유지하는 데 필요한 도움을 주기 어렵게 한다. 어떤 부모는 유아는 정신건강 문제를 가질 수 없다고 생각하거나 자녀의 문제에 대해 다른 사람들이 자신을 비난할 것이라는 생각을 가질 수 있다. 자신과 자녀를 낙인찍거나 외면할 것을 두려워하여 도움을 거부하거나 자녀가 약을 복용하는 사실과 가족의 사생활이 드러나는 것을 두려워할 수 있다.

치료사와 교사도 정신병리 문제가 있는 유아에 대해 잘못된 신념을 가질 수 있다. 교사에 따라서는 규칙을 지키지 않는 유아를 수업에 참여시키기 위해 약물을 복용시켜야 한다고 생각할 수 있지만 약물 복용이 부적절하다고 느낄 수도 있다. 또한 정신병리 진단을 받은 유아는 통합될 수 없으며 대신 특수교육 프로그램에 배치되어야 한다고 생각할 수도 있다. 어떤 교사는 장애에 대한 인식을 결정짓는 개인적, 문화적 편견을 가지고 있을 수 있으며 이는 유아의 평가 여부를 결정하는 데 영향을 준다.

전략

교사와 부모는 유아기 정신건강에 대해 계속해서 배울 필요가 있다. 정신병리에 대한 자신의 편견과 오해를 검토하고 특정 심리장애의 원인과 적절한 치료 및 중재에 관한 최근 정보에 민감해야 한다.

어려움 : 현행 진단 준거의 한계

정신병리를 가진 유아는 종종 동일한 장애를 가진 성인이나 아동들과는 다른 증상을 보인다. 예를 들어, 양극성장애를 가진 성인의 경우 조증과 울증의 주기가 몇 주 혹은 몇 달이지만 유아는 그 주기가 하루에 몇 차례 반복될 수 있다. 유아에 관한 연구들은 비교적 새로운 분야이기 때문에 임상가는 성인에 비해 영유아를 부정확하게 진단하거나 실수할 가능성이 높다. 잘못된 진단은 부정확한 약물처방이나 중재 전략을 초래해서 유아 행동을 악화시키거나 필요한 도움을 지연시킬 수 있다. 성인과 마찬가지로 유아도 특정 장애 범주에 완전히 들어맞지 않는 행동을 보일 수 있고 또 유아가 너무 어리거나 진단을 받을 만큼 충분한 증상을 보이지 않을 수도 있다. 더욱 문제가 되는 것은 유아의 평가와 진단 과정이 몇 달 혹은 그 이상 걸린다는 것이다.

전략

유아가 너무 어려 형식적 진단을 받을 수 없거나 아직은 분명한 장애를 가지고 있지 않더라도 문제 행동에 대해 기록하고 이해할 필요가 있다. 명확한 심리장애로 진단받지 않았다 하더라도 유아의 행동 특성은 앞으로 나타날 심각한 문제의 초기 징후가 될 수 있다. 실제로 유아교육기관에서 문제 행동을 보이는 유아의 절반 정도는 초등학교에서도 지속적으로 문제 행동을 보인다(Campbell, 1995). 그리고 초등학교와 중 · 고등학교에서 문제가 있다고 진단받은 대부분의 아동은 유아기에 그 문제의 징후가 나타나기 시작하였다. 품행장애, 약물남용 문제, 우울증, 폭력 및 학업 실패를 보이는 아동은 유치원에서 공격성, 적대적반항장애, 그리고 불복종의 징후를 보였다. 특별한 도움 없이도 문제 행동이 사라지는 유아도 있지만 그렇지 않은 유아도 있다.

조기 지원과 지도는 정신건강 문제의 진행과 증상 악화를 예방하는 것으로 알려져 있다. 형식적 진단 여부와 상관없이 유아와의 첫 만남에서 공격성, 사회적 기술 부족, 불안정 애착 등과 같은 증상에 주의를 기울이는 것이 중요하다. 문제 행동의 징후로써 주기적으로 나타나는 비전형적인 행동을 주시해야 한다. 영유아는 진단 가능한 정신건강 문제는 아니라도 일반적인 범주에서 벗어난 행동을 보일 때도 있다. 좀처럼 소리 내어 웃거나 미소 짓지 않는 4개월 영아나 또래가 같이 놀자고 할 때 제대로 반응하지 못하는 5세 유아들이 그 예이다. 그러한 예외적인 행동은 반드시 진단 가능한 장애를 설명하는 것은 아니지만 계속해서 관심을 가지고 지켜보아야 할 행동이다. 유아의 정신건강 상태를 계속해서 확인한다면 이러한 행동에 대한 기록은 진단에 필요한 자료로 제공될 수 있다.

어려움 : 유아의 특성보다 진단명 강조

진단명에 기초하여 유아를 판단하는 것은 매우 쉽다. 교사는 유아의 특성보다 진단명에 의존하여 유아와 상호작용하는 방법을 수정하거나 유아에 대한 스스로의 기대를 바꿀 수 있는데, 이는 자기 충족적 예언의 결과를 낳게 된다. 예를 들어, 4세 반 교사는 이야기 나누기 시간에 주의력결핍과잉행동장애로 진단받은 유아가 참석하리라고 기대하지 않아서 다른 유아들은 모두 모여서 이야기를 듣도록 하는 반면 그 유아는 돌아다녀도 허용할 수 있다. 주의력결핍과잉행동장애 유아에 대한 상대적으로 낮은 기대로 인해 그 유아는 주의집중을 발달시키는 데 필요한 격려를 받지 못할 수 있다. 또한 형식적인 진단명은 교사로 하여금 특정 장애에 전통적으로 사용되어온 방법에 한정하여 전략을 수행하게 한다.

전략

정신병리로 진단받은 유아를 도울 수 있는 가장 적절한 방법은 유아의 가족 및 문화적 배경뿐 아니라 유아의 강점과 약점을 고려하여 맞춤식 전략을 제공하는 것이다. 동일한 진단을 받은 모든 유아가 동일한 행동을 보이거나 동일한 중재를 필요로 할 것이라는 믿음은 잘못된 것이다. 동일한 진단을 받은 유아가 유사한 특성을 갖는다는 것을 이 책의 제2부에서 읽게 되겠지만 유아교육기관에서는 항상 개별화된 중재가 이루어져야 한다. 진단명(**예** 우울증)보다는 유아의 행동(**예** 다른 사람과의 놀이를 피한다)에 초점을 맞추도록 노력해야 한다. 3장에는 형식적인 진단과 상관없이 특정한 행동에 반응하는 방법에 대한 지침이 제공되어 있다.

어려움 : 유아의 제한된 언어표현 능력

임상가들이 정신장애 진단통계 편람을 사용하여 진단할 때 내담자의 느낌과 경험에 대한 보고에 크게 의존하게 된다. 그러나 매우 어린 유아들은 언어적 기술과 추상적 추론능력이 부족할 뿐 아니라 성인과 같은 방식으로 느낌에 대해 이야기할 수 있는 자기 성찰 능력도 부족하다. 유아는 감정을 말보다 행동으로 표현한다. 또한 어린 유아들은 하나의 행동으로 여러 가지 느낌을 표현하기 때문에 유아들이 느끼는 것이 무엇인지 정확하게 알아내는 것은 어렵다. 예를 들어, 유아들은 화났거나 슬프거나 혼란스러울 때도 공격적인 행동으로 표현한다.

전략

임상가는 유아에 대해 보다 정확하고 완벽한 정보를 가지고 있으면 정확한 진단을 할 수 있으나 유아는 자신의 증상을 말로써 완전하게 보고할 수 없다. 대신 임상가는 유아의 부모로 하여금 유아의 행동, 기분, 특성들을 관찰하게 해서 정보를 얻어야 한다. 예를 들어, 2세인 지희는 스스로 이전에 종종 하던 놀이에 관심을 잃었다고 말할 수 없다. 그러나 부모는 지희의 주의집중 시간이 평소보다 더 줄어들었으며 이전처럼 같이 놀자고 해도 지희가 반응을 보이지 않는 것을 관찰할 수 있다.

교사는 유아를 관찰하고 유아의 사회적 · 정서적 발달에 대해서 정보를 모을 수 있는 아주 좋은 위치에 있다. 또한 자신의 관찰내용과 경험을 통해 부모 및 정신건강 전문가와 이야기할 수 있는 특별한 위치이기도 하다. 가족과 전문가는 교사의 관찰을 통해 유아를 전체적으로 볼 수 있는 시각을 가질 수 있다. 이 장의 뒷부분에 증상의 관찰과 인식을 위한 몇 가지 지침이 제시되어 있다.

어려움 : 발달적 요인

전형적인 문제 행동과 관심을 불러일으키는 행동 간의 경계는 영아기, 걸음마기, 그리고 유아기 동안에는 뚜렷하지 않다. 특정 연령에 전형적으로 생각되는 행동이나 성취에 연속적 위계나 범위가 있다 하더라도 어린 유아는 서로 다른 속도로 성장하고 변화한다. 때로 발달의 연속선상에서 꾸준히 진보를 보이는 유아도 다음 단계로 나아가기 전에 잠시 퇴행하기도 한다. 이 점이 어떤 시점에서 유아의 행동 또는 발달이 예상했던 것과 매우 다르거나 지속적인 성장을 보이지 않을 때에만 관심을 가지는 이유이다.

전략

유아 발달의 연속성에 대한 지식을 가지고 세심하게 관찰하고 기록하도록 노력해야 한다. 유아의 즉각적인 행동을 전체적인 발달에 대한 광범위한 시각을 가지고 이해하도록 한다. 예를 들어, 병수가 예지를 깨물었다는 그 사실 자체에만 초점을 두기보다는 전체적인 맥락에서 생각해보아야 한다. 4세인 병수는 깨물지 않고도 자신의 감정과 행동을 조절할 수 있어야 하지만 병수는 다른 아이들과 어울리는 데 어려움이 있다. 병수는 친구들이 말하는 것을 이해하는 것처럼 보이나 다른 아이들과 의사소통 하기 위해 말을 많이 하지는 않는다. 병수는 변화를 힘들어하고 담임교사 이외의 다른 사람 말에 귀를 기울이지 않는다.

어려움 : 가족과 문화적 배려

가족의 기대와 가치는 유아의 행동에 영향을 준다. 수희의 가족은 상호의존, 친밀성 그리고 복종에 많은 가치를 둔다. 교사는 수희를 수용적이고 매우 바르게 행동한다고 평가한다. 수희는 항상 교사에게 도움이 필요한지 물어보거나 교사에게 특별한 그림을 그려준다. 그러나 교사는 수희가 다른 아이들과 뛰어놀기보다 교사 옆에 머물러 있으려고 하는 것에 대해 걱정한다.

광일이의 가족은 자기주장, 독립심 그리고 개인적 성취를 가치 있게 생각한다. 교사는 광일이가 항상 새로운 활동에 제일 먼저 뛰어드는 능동적이고 호기심 많은 아이라고 하였다. 광일이는 착한 아이지만 어른들이 무언가를 시키거나 다시 하라고 할 때 종종 대들며, 자기 뜻이 좌절되면 "나한테 명령하지 마세요" 하고 말한다.

수희가 일과 생활에서 어른들에게 초점을 맞추는 것은 본인 가정에서 가치롭게 여기는 행동이며 광일이의 자기주장과 독립성 또한 그러한 가치가 있는 행동이다.

전략

유아의 행동이 걱정할 필요가 있는지 아니면 단순히 특별한 문화권의 유아에게 전형적으로 나타나는 행동인지를 판단할 때 교사의 고유한 문화적 가치와 편견에 주의해야 한다. 유아의 행동을 평가할 때 가정생활과 문화적 배경을 고려하고 발달적 진보를 평가하기 위해 사용되는 전형적인 사회적 · 정서적 발달이정표와도 비교해야 한다. 가족과 문화에 따른 행동의 다양성을 이해하면 유아의 행동을 보다 균형 있게 평가할 수 있게 된다.

어려움 : 가정과 유아교육기관 간의 차이

어떤 유아는 가정과 유아교육기관에서의 행동이 다른데, 그 행동을 각 환경에서 유아가 주변 사람과 맺고 있는 관계와 분리하여 생각할 수 없다. 부모와 교사 모두 유아의 행동에 맞추어 자신의 행동을 변화시키게 되고 이로 인해 유아의 증상은 드러나지 않게 된다. 예를 들어, 3세 된 규진이는 낯선 사람을 매우 두려워했다. 부모가 규진이를 보모에게 맡기거나 혹은 문화센터에 보낼 때면 규진이는 겁을 내고 오줌을 싸고 토했다. 부모는 규진이를 낯선 사람에게 맡겨두지 않는 게 더 낫다고 결정했고, 가족과 함께 있으면서 규진이는 낯선 사람이 주변에 있을 때 보이던 불안을 더 이상 나타내지 않았다. 4세가 되어 규진이가 유아교육기관에 다니기 시작하면서 아침에 등원하는 것이 다시 힘든 일이 되었다. 규진이는 엉엉 울고 오줌을 싸고 먹은 것을 토하며 집에서와 달리 유아교육기관에서는 낯선 사람에 대해서 심한 문제 행동을 보였다. 정신병리를 가진 것으로 진단하는 요구사항 중 하나는 유아가 집에 있거나 유아교육기관에 있거나 간에 장소에 상관없이 일어나야 하기 때문에 이에 대한 진단은 복잡할 것이다. 이 사례에서는 가족의 중재가 가정에서는 불안이 나타나지 않게 하였다.

유아는 자신을 둘러싼 환경과 관계의 건강한 측면과 건강하지 못한 측면 모두에 자신의 행동을 적응시킨다. 유아교육기관에서 장애의 징후로 보이는 행동이 역기능적인 가정환경에서는 적응행동이 될 수도 있다. 짜증이나 욕을 하는 것과 같은 행동은 학습된 행동일 수도 있고 부모와의 관계나 유아를 둘러싼 환경에서 비롯된 것일 수도 있다. 예를 들어, 정민이가 신생아였을 때 정민이의 엄마는 접촉이나 반응이 없었다. 생후 1년 동안, 정민이는 성인에게 의존하지 않고 자랐다. 2세 정민이는 짜증내며 던지는 행동을 하면 엄마가 주목한다는 것을 알게 되었다. 이제 정민이는 집 또는 학교에서 성인의 도움이 필요할 때는 바닥에 드러누워 소리 지르고 발로 찬다. 이것이 자신이 알고 있는 자기의 기본적 욕구를 충족시킬 수 있는 유일한 방법이기 때문이다.

전략

유아의 행동을 이해하기 위해서는 부모나 다른 가족 구성원과의 관계를 살펴보는 것이 중요한데, 이는 진단과 아울러 효과적인 중재계획을 세우는 데도 중요하다. 그러나 유아와 부모의 관계, 즉 장애진단을 받은 유아의 치료에 부모를 포함시켜야 하는 중요성을 간과하기 쉽다. 1장에서 이미 제시된 바와 같이 대부분의 장애는 복합적인 요인들의 결과이며 부모와 유아의 관계보다 더 중요한 요인은 없다. 4장에는 부모와 교사 간의 파트너십 특성에 대해 설명되어 있으며 유아의 복지를 위해 교사와 가족의 파트너십을 강화하는 의사소통 전략이 소개되어 있다.

어려움 : 신체적 요인과 발달적 지체

유아의 어떤 신체 요인은 상황에 적합한 행동을 어렵게 만들 수 있다. 언어발달지체, 난청 또는 운동발달에 문제가 있는 유아는 정신건강에 문제가 있는 것처럼 행동할 수 있다. 발달적으로 친구를 사귀고 가장놀이에 참여할 준비가 되어 있지만 언어발달지체로 인해 자신의 생각을 표현하는 것이 어렵다면, 그 유아의 사회적 기술에 문제가 생길 것이다. 가장놀이에서 유아들은 규칙을 만들고 차례를 지키고 역할을 맡기 위해 언어를 사용하지만 언어발달지체를 보이는 유아는 말로 표현하기보다는 잡고 밀고 때리는 등 신체를 사용해서 행동할 것이다. 그로 인해 그 유아의 바람직하지 못한 행동의 원인은 제한적인 언어능력이라 하더라도 그 유아는 정서장애로 잘못 진단될 수도 있다. 연구결과, 문제 행동을 보이는 유아 중 최소한 50%는 언어장애와 같은 문제를 가진다는 것이 밝혀졌다.

전략

신체적 어려움, 발달적 지체나 장애를 가진 대부분의 유아들은 적절한 지원이 주어지면 시간이 지나면서 사회적 · 정서적 기술을 발달시킬 수 있다. 문제 행동을 보이는 유아가 있다면 가장 먼저 유아가 그렇게 행동하는 신체적 혹은 발달적 원인 여부를 확인해야 한다. 예를 들어, 말하고자 하는 바를 얼마나 잘 전달하는지(표현언어) 그리고 들은 말을 얼마나 잘 이해하는지(수용언어) 파악할 수 있도록 유아의 말을 듣고 관찰해야 한다. 유아의 전반적인 발달에 있어서 특별한 문제에 대해 부모와 공유해야 하며 그러한 문제를 조기에 선별하고 판별해주는 기관을 부모에게 소개해야 한다. 판별과 치료 및 중재가 늦어지면 새로운 문제 행동이 나타나기도 하고 이미 가지고 있는 문제가 더 나빠지기도 한다.

2. 증상을 관찰하고 알아차리기

유아의 증상을 관찰하고 문제를 알아차리는 것은 어려운 일이다. 유아의 제한된 언어능력, 발달적 요인, 신체적·발달적 지체, 가족 및 문화적 고려점 그리고 가정과 유아교육기관 간에 많은 차이가 있을 가능성을 고려할 필요가 있다. 또한 개별 유아는 독특하고 복잡한 존재이므로 일반화 또는 장애명으로 분류하기보다는 강점과 약점을 인정하고 있는 그대로 볼 필요가 있다. 아래의 기술들은 부록에 있는 사회적·정서적 발달이정표와 함께 유아를 관찰하는 데 도움이 될 것이다.

1) 관찰내용

유아는 정신건강에 필요한 여섯 가지 기본 기술들을 발달시키고 있는가?

① 유아는 부모에게 친밀감, 애정, 안락함, 그리고 지지를 요구한다.
가정에서 유아가 부모에게 애착을 형성하고 있는가? 유아가 부모의 부재시 의지할 만한 중요한 성인을 발견할 수 있는가? 유아는 중요한 성인에게 상호작용을 시작하고 반응할 수 있는가?

② 유아는 또래나 가족원 외의 타인과 친밀감, 관계, 그리고 집단을 형성

하려고 한다.

유아가 다른 유아에게 관심을 보이고 곁에 있으려고 하는가? 유아는 다른 유아에게 상호작용을 시도하고 반응하는가?

③ 유아는 정서, 행동 그리고 주의를 조절하는 법을 배우고 있다.

유아가 스스로 진정할 수 있는가? 행동을 조절하도록 도움을 주는 중요한 성인의 도움이나 지시를 수용하는가? 유아는 활동에 집중할 수 있는가?

④ 유아는 다른 사람과의 상호작용에 필요한 의사소통 및 사회적 기술을 발달시키고 있다.

유아가 자신의 존재를 다른 사람에게 알릴 수 있는가? 자신의 감정을 다른 사람에게 말할 수 있는가? 문화적으로 기대되는 방식으로 사회적 상호작용을 배우고 있는가?

⑤ 유아는 자신이 무언가를 할 수 있고 문제해결 능력이 있다는 것을 안다(자기효능감).

유아는 자신의 능력을 아는가? 참을성이 있는가? 탐색이나 일의 완성을 통해 즐거움을 느끼는가?

⑥ 유아는 자신에 대한 이해와 다른 사람과의 관계를 발달시키고 있다.

유아는 자신을 개별적 존재로 인식하고 다른 사람들 역시 개별적인 존재라고 생각하는가? 유아는 다른 사람의 감정과 요구에 반응하는 법을 배우고 있는가?

2) 관찰시기

유아교육기관에서는 규칙적인 일상생활과 활동을 통해 유아를 관찰할 기회가 많다. 이때 우리는 유아가 중요한 성인과 또래에게 얼마나 관계를 잘 형성하고 있는지, 자기조절 능력, 의사소통 기술과 사회적 기술, 자아존중감 및 자신과 타인에 대한 증가된 인식 등을 관찰 할 수 있다. 관찰하기에 적절한 시기의 예는 아래와 같다.

① 가족 구성원과의 이별과 재결합의 시간들은 성인-유아의 유대와 유아의 자기조절에 대한 정보를 제공한다.

② 화장실 사용, 식사, 그리고 잠드는 시간은 유아의 행동조절과 자기효능감 발달을 볼 수 있는 시간이다.

③ 여러 장면에서의 자유놀이는 또래와 놀고 싶어하는 유아의 욕구를 볼 수 있을 뿐 아니라 자기조절, 자기효능감, 의사소통, 사회적 기술 및 자아인식도 볼 수 있다.

④ 전이시간은 자기조절에 애쓰는 유아를 발견할 수 있는 좋은 시간이다.

⑤ 교사 주도의 소집단, 대집단 활동시간에는 성인에 대한 유아의 반응, 행동과 주의 조절, 의사소통과 사회적 기술, 자신 및 타인에 대한 이해를 발견할 수 있다.

⑥ 유아의 행동조절 기술이 얼마나 잘 발달되고 있는지에 대한 정보를 얻기 위해 구조적이고 일상적인 상황과 비구조적인 상황에서의 유아 행동을 비교해야 한다.

3) 관찰결과의 반영

관찰결과를 반영할 때 아래의 내용을 주의 깊게 살핀다.

① 비전형적이고 연령이나 발달단계에 맞지 않는 행동

보다 빠른 이해를 위해 〈부록〉을 활용할 수 있다. 또 가족의 역동성, 규준과 기대, 문화 그리고 광범위한 환경적 맥락을 고려해야 한다.

② 자주 그리고 오랜 기간에 걸쳐 나타나는 행동
모든 유아는 침체되는 날이 있고 그런 날이 심지어 일주일 또는 2주일간 지속되기도 한다. 때로는 짧게 퇴행을 보이기도 한다. 일반적인 행동발달의 패턴을 벗어난 행동이 지속적으로 나타날 때 보다 특별한 주의를 기울여야 한다.

③ 유아의 여러 가지 일상생활을 어렵게 하는 행동
유아가 학교나 집과 같이 다른 환경에서 혹은 여러 양육자에게 같은 어려움을 가지는가? 그 문제로 인해 많은 부분의 일상생활이 어려운가? 아니면 그 문제는 특정 양육자나 특정 환경에서만 나타나는가?

④ 성공적인 학교생활을 방해하는 행동
예를 들어, 유아가 연령에 적합한 사회적 기술을 배우거나 발달시키지 못하는가? 교실에서의 기본적 제한이나 기대를 따르지 못하거나 일상활동에 참여하지 못하는가?

4) 결과의 문서화

관찰한 결과를 요약하고 문서화함으로써 어떤 행동을 보다 구체적으로 다시 관찰하여 기록을 보충해야 할지 알 수 있다. 다음의 내용들이 포함될 수 있다.

① 그 사건이 언제 발생하는가?
아침 등원에? 일과를 마칠 때? 모임 시간에? 누군가 교실을 떠나려고 할 때? 특정한 활동시간에? 특정한 또래와 함께 있을 때? 낮잠시간에? 정리시간에? 식사시간에? 비구조적인 시간에?

② 얼마나 자주 일어나는가?

하루/일주일 동안에 그 행동이 몇 번이나 일어나는가?

③ 얼마나 오랫동안 지속되는가?

짜증이 2분 동안 지속되는가? 혹은 1시간 동안 통제 불가능한 괴성을 지르는가?

④ 행동을 유발하는 것은 무엇인가?

그 행동을 하기 직전에 일어난 일은 무엇인가? 유아가 무엇을 하고 있었는가? 유아가 누구와 상호작용하고 있었으며 그 상호작용의 특징은 무엇인가?

⑤ 그 행동에 대한 반응은 무엇인가?

다른 유아는 어떻게 반응하는가? 교사는 어떻게 반응하는가? 이러한 반응이 유아에게 어떤 결과를 가져오는가?

⑥ 유아가 이러한 행동을 보이지 않을 때는 언제인가?

유아가 바람직하게 행동할 수 있도록 하는 환경은 무엇인가? 보다 구조적인 환경을 제공할 때? 피드백을 많이 제공할 때? 여러 가지 활동이 포함되어 있을 때? 특정한 또래와 떨어져 있을 때? 교사와 친근감을 느낄 때? 예기치 못한 피드백을 받을 때?

이러한 관찰과 문서화 과정을 통해 교사는 유아를 보다 잘 이해하고 유아의 욕구를 정확하게 판단할 수 있게 된다. 그리고 부모와의 상담 시에 보다 확신을 가지고 임할 수 있게 되며 유아를 담당하는 임상가나 치료팀에게 보다 가치 있는 정보를 줄 수 있다.

3장

유아교육기관에서 사용할 수 있는 전략

유아가 형식적 진단을 받는 것과 상관없이 교사는 유아의 행동에 가능한 가장 지지적인 방식으로 반응해야 한다. David Fassler는 만약 정신적 장애를 가진 유아의 신체적, 정서적, 사회적, 지적 발달을 치료하지 않는다면 장애인이 되지 않는 경우라도 성장에 심각하게 방해를 받게 될 것이며 이런 유아들은 이후 학업 실패와 중퇴, 약물남용 및 다른 많은 어려움에 노출될 위험성이 높다고 하였다. 그러나 적기의 평가와 치료를 통해 이런 모든 것들이 예방될 수 있다고 언급하였다(미국정신의학회, 2006).

행동 또는 정신건강상의 어려움을 가진 유아를 교육할 때는 팀의 노력이 필요하다. 관련 연구들은 학교, 가족, 그리고 정신건강 전문가 사이의 동반자적 관계가 최상의 결과를 이끈다는 것을 보여주며 부모, 교사와 건강 전문가들은 유아의 정신건강에 절대적인 역할을 한다. 교사와 부모는 유아를 관찰하고 의뢰하며 의사는 진단하고 치료와 중재 프로그램에 대해 부모에게 설명한다. 부모는 치료와 중재 프로그램을 결정하고 교사는 유아교육기관에서의 유아의 행동에 대한 정보를 제공한다.

유아교육기관에서 교사가 하는 역할이 치료와 혼돈되어서는 안 된다. 교사의 역할은 유아가 부적절한 행동을 줄이고 적절한 행동을 하도록 도우며 유아의 정신건강 증진에 도움이 되는 환경을 제공하는 것이다. 아래의 일반적인 전략은 이 장의 나머지 부분에서 다루어지는 더 구체적인 전략과 제2부 「심리적 장애와 진단기준」에서 제시될 전략의 기초가 된다.

- 유아의 성장과 발달에 도움이 되는 건강한 환경을 제공하기 위하여 물리적 · 정서적 환경을 수정하라.
- 유아의 독특하고 특별한 요구에 대한 관찰과 평가에 기초하여 유아와의 관계를 검토하고 수정하라. 유아의 정신건강은 중요한 성인과 또래와의 관계의 질에 크게 영향을 받는다. 교사가 정신건강 문제를 가진 유아를 지지한다는 것은 유아와의 상호작용으로 개별적인 적응을 돕는 것이다 (Zero to Three, 2005).
- 또래와의 관계를 지지하기 위하여 유아의 사회적 언어와 상호작용 기술 발달을 촉진시키고 다른 유아와의 상호작용을 잘 할 수 있도록 도와라.

1. 유아교육기관에서 사용하는 전략에 대한 지침

1) 개별화된 계획 만들기

관찰에 기초하여 각 유아의 독특성을 이해하는 것이 유아의 성장을 최대한 지원할 수 있다. 관찰, 연구와 가족 보고에 의한 정보를 수집하면 특수 유아를 위한 효과적인 지원시스템을 계획할 수 있다.

유아의 강점을 확인하고 그것을 토대로 삼아야 된다. 유아가 자신을 문제아로 보지 않도록 '문제' 에 너무 초점을 두지 말아야 되며 그 행동적 문제로 유아가 규정되지 않도록 해야 한다. 그 유아란 '자폐 유아' 가 아니라 '자폐 장애를 지닌 유아' 이며 '우울증 유아' 가 아니라 '우울증을 지닌 유아' 이다.

유아의 진단명에 과도한 관심을 두기보다 발달적 · 행동적 목표에 초점을 두는 노력은 유아의 정신건강 증진에 더 기여할 것이다.

2) 다양한 문화에 민감하기

정확한 정신건강 평가를 위해 유아가 속한 문화를 고려하는 것처럼 중재 전략도 개별적인 유아와 그 가족의 문화를 고려해야 한다. 먼저 언급했던 것처럼 한 가족에게는 일상적인 것이 다른 가족에게는 일상적이지 않을 수도 있다. 또한 중재가 어떤 가족에게는 적절하지만 다른 가족에게는 불편할 수도 있다. 예를 들어, 유아와 부모의 관계를 돕는 데 있어서 우리는 바닥에 앉아서 유아와 놀이하는 장면을 제안한다. 그러나 어떤 문화에서는 성인이 바닥에 앉는 것을 부적절하게 여길 수 있기 때문에 동일한 목적에 도달하기 위해서는 개방적이며 대안적인 의사소통 방법을 탐색해야 한다.

3) 유아와 확고한 유대감 형성하기

유아를 돕기 위한 첫 번째 단계는 유아와 따뜻하고 안전한 관계를 만드는 것이다. 아래의 몇 가지 기본 전략은 성인과 유아 간의 유대감을 형성하는 데 도움을 준다.

유아 개개인에게 관심 보이기 유아와의 관계, 애착을 형성하기 위해서는 유아를 개별적으로 대해야 한다. 개개인에게 관심을 보이는 것은 유아가 자신을 인정하고 가치롭게 여기도록 한다. 이렇게 하는 데에 특별히 많은 시간이 필요하지는 않다. 유아의 흥미, 강점 혹은 교실 밖의 생활 혹은 유치원에서의 생활에 대한 한두 가지의 대화로 큰 효과를 얻을 수 있다. 유아의 새 강아지에 대해 혹은 세발자전거 타는 기술에 대해 물어보거나 아침에는 "민지야, 오늘 네가 학교에 와서 우리는 정말 기쁘단다"라고 말하며 유아를 반긴다.

하루에 5분을 할애하기 각 유아와 일대일로 만나는 개별적인 시간을 하루에 5분 정도 가진다. 영아일 경우 팔에 안고 가볍게 토닥이면서 자장가를 불러줄 수 있다. 대단한 노래 솜씨가 필요한 것은 아니다.

걸음마기 영아는 가까이에 앉아서 시간을 보내되 아이가 놀이를 주도하도록 한다. 예를 들어, 트럭으로 장난감을 싣고 쏟아붓는 놀이를 한다면 교사는 또 다른 덤프 트럭을 가지고 가서 이렇게 말할 수 있다. "나도 너처럼 트럭 뒤에 장난감을 싣고 있어. 어! 네 것이 떨어졌네. 나도 너처럼 해 봐야지" 어떤 아이들은 이렇게 따라하는 놀이를 즐기기도 하고 교사가 자신의 놀이에 참여하도록 요구할 수도 있다.

더 나이든 유아는 그들이 즐거워하는 활동에 교사와 상호작용하도록 유도한다. 예를 들어, 유아가 상어에 관한 책을 함께 보고 싶어하는지, 상자에 물 채우는 것을 도와주기 원하는지, 바깥놀이 시간에 함께 공놀이 하기를 원하는지 물어봐야 한다. 어떤 활동이 선택되든지 적어도 5분 정도는 방해받지 않고 유아에게 전적으로 집중한다.

적극적인 경청하기 유아가 가장 효과적으로 유대를 맺는 경험 중의 하나는 다른 사람으로부터 이해받는다고 느끼는 것이다. 적극적인 경청은 진지하게 경청하는 의사소통의 한 방식으로 상대의 말과 그 말 속의 중요한 메시지를 함께 듣는 것이다. 유아는 교사가 자신의 말을 주의 깊게 듣고 있다고 느끼게 되면 교사와 더 가깝게 느끼고 교사에게 반응을 더 잘하게 된다.

윤 교사는 자유놀이 시간에 선택활동으로 책상 위에 사탕 마을(Candy Land) 게임 판을 올려놓았다. 수혁이와 민수는 먼저 그 쪽으로 달려갔다. 윤 교사는 간단하게 게임방법을 가르쳐준 후에 미술영역으로 갔다. 잠시 후, 윤 교사는 게임 테이블에서 나는 큰 소리를 듣고 무슨 일인지 달려갔다. "수혁이가 사탕 마을 게임판을 바닥에 던졌어요. 내가 이겼는데 수혁이가 게임판을 던져서 엉망이 되었어요"하고 민수가 불평을 했다. 수혁이는 반항하듯이 팔을 허리에 올리며 "이건

시시한 게임이야"라고 했다. 수혁이가 이런 방해 행동을 한 것은 처음이 아니었다.

수혁이가 시시한 게임이라고 하면서 바닥에 게임판을 던졌을 때 무엇을 말하고 싶었을까? 정말 그 게임이 싫었던 것일까? 아니면 무언가를 말하려고 했던 것일까? 게임을 이해하기가 어려웠던 것일까? 자신이 항상 이겨야 하는데 민수가 먼저 이긴 것이 못마땅했던 것일까? 아니면 단지 게임에 흥미를 느끼지 못해서였을까?

위의 사건에 대해 가능한 두 가지 반응방식 간의 차이를 살펴보자.

"그래, 수혁아" 윤 교사는 단호하게 말하였다. "이것은 시시한 게임이야, 하지만 넌 방에서 장난감을 던질 수 없어. 너는 여기서 더 이상 이 놀이를 할 수 없어. 게임판을 테이블 위에 갖다놓고 다른 놀이를 찾아보도록 해" 수혁이는 게임판을 발로 차서 몇 개의 조각이 바닥에 떨어졌다. 수혁이가 "난 쓰레기통에 이 시시한 게임을 던져 버릴 거야"라고 말하자 윤 교사는 계속해서 "나는 너의 그런 행동을 참을 수 없어. 지금 그것을 줍거나 다른 아이들이 이 놀이를 하기 전에 주워라. 네가 선택해라"하고 말했다. 수혁이는 조각들을 한번 더 발로 찬 후 미술영역으로 가 민준이와 의도적으로 부딪쳐서 민준이의 그림을 망치게 했다.

유아에게 활동을 못하도록 하는 것은 확실히 잠시 동안은 문제를 해결하는 것 같다. 그러나 적극적인 경청으로 하는 중재는 더 많은 것을 얻게 한다. 이것은 유아가 외현화한 행동을 조절하도록 도우며 성인과 유아 간의 유대를 강화하고 강렬한 정서를 이해하고 다루는 기술을 익히게 한다.

적극적 경청을 하면 다음과 같은 장면이 일어날 수 있다.

윤 교사는 무릎을 꿇고 친절하게 말했다. "넌 사탕 마을 게임이 재미있지 않니?" 수혁이는 "이건 시시해요"라고 대답했다. 윤 교사는 계속해서 "그래, 넌 이런 게임을 좋아하지 않는구나!"라고 말했고, 그러자 수혁이는 "네. 싫어요. 민수는 매번 좋은 그림 카드를 가지게 되고 나는 나쁜 것만 걸려요"라고 했다. 윤 교사는 수혁이에게 다가가 어깨에 손을 올렸다. "너는 그런 특별한 카드를 가지고 싶었구나!" 이 말을 했을 때, 수혁이의 몸은 긴장이 풀리고 목소리는 안정되는 것 같았다. "너는 재미있게 놀고 싶었는데 네가 생각한 것만큼 재미있지 않았구나" 수혁이가 조각을 집어 들었을 때 윤교사가 말했다. "테이블 위에 조각을 다시 갖다 놓자" 이제 수혁이는 안정을 찾았다. 수혁이와 교사가 게임을 시작하려고 했을 때 수혁이는 "나는 더 이상 이것으로 놀고 싶지 않아요. 미술영역에 가서 놀래요"라고 말했다. "그래, 네가 원한다면 그렇게 할 수 있어. 사탕 마을 게임은 다른 시간에도 할 수 있고 아마 다음 번엔 좋은 카드를 가지게 될 거야" 윤 교사는 수혁이를 안아주며 말했다.

첫 번째 예는 얼핏 보면 윤 교사가 적절한 제한을 해서 수혁이의 부적절한 행동을 '중단시킬 수 있을' 것으로 보일지 모른다. 그러나 첫 번째 예의 마지막 부분을 주목할 필요가 있다. 수혁이는 게임판을 치우지 않았을 뿐 아니라 다른 친구의 작업도 방해하였다. 이 사건은 수혁이를 힘들게 하여 그 뒤 몇 시간 동안 친구들을 방해하는 행동을 계속하게 만들었다. 앞서 게임판을 제자리에 갖다 놓으라고 지시한 것은 수혁이가 게임판을 발로 차는 것과 같은 더 공격적이고 파괴적인 행동을 하게 만들었다.

두 번째 예에서 수혁이는 던지려던 게임판을 윤 교사의 도움으로 갖다 놓았고(행동조절) 잘못을 알아차리게 되면서 좌절감을 덜 느끼게 되었다(정서조절). 윤 교사의 지도와 피드백은 유대감을 강화하고 바람직한 사회적 · 정서적 기술을 향상시켰다.

2. 외현화 행동과 내재화 행동

유아교육기관에서 유아의 행동에 적절히 반응하기 위해서는 그런 행동이 외현화된 행동인지 혹은 내재화된 행동인지를 확인하는 것이 필요하다. 이런 방법으로 행동을 범주화하는 것은 간단하게 유아를 진단하는 것보다 더 유용할지도 모른다. 우울증은 어떤 경우 다른 유아를 때리는 외현화된 행동으로 표현되는 반면 다른 경우에는 수동성과 같이 내재화 행동으로 표현되기도 한다. 교사는 각 유아에게 적절하게 대처하기 위해 서로 다른 접근을 할 필요가 있다.

1) 외현화 행동

외현화 행동은 일반적으로 주의력결핍과잉행동장애(ADHD), 반항성장애(ODD), 혹은 양극성장애로 진단된 아동들에게 나타난다. 유아에게 흔히 나타나는 외현화된 행동에는 분노를 표출하고, 반항하고 순종하지 않으며 공격적인 행동을 포함한다. 이런 유아는 놀이공간과 놀잇감 공유하기, 놀이에 들어가는 것과 전이하기, 기대하지 못했던 것에 대처하기와 사회적 갈등해결에 어려움을 가진다. 아래는 외현화된 행동을 효과적으로 다루는 몇 가지 전략들을 보여준다.

잘 조직된 환경을 통해 과도한 자극을 피하도록 돕기 공격적이거나 자기조절에 문제를 지닌 유아는 물리적 환경에 민감하다. 무질서하고 시끄럽고 혹은 시각적인 단서가 많은 것은 부적절한 행동을 증가시킬 수 있다. 잘 조직된 흥미영역은 과도한 자극을 줄이고 유아가 집중하고 자기조절을 할 수 있게 한다. 교사는 다음과 같은 몇 가지 단계로 환경을 적절하게 조직할 수 있다.

- 안정되고 잘 조직된 느낌을 가질 수 있도록 아늑한 개인공간을 제공한다.
- 안정을 찾거나 혼자 있을 수 있는 조용한 영역을 만든다.

- 너무 강한 시각, 청각적 자극을 최소화 한다.
- 음악이 소음이 되지 않도록 한다.
- 각 영역에 적절한 수의 장난감을 제공한다.
- 게시판의 전시물을 미적으로 배치해서 게시물 간에 적절한 공간을 남겨 둔다.

성공하도록 돕기 외현화 행동을 보이는 유아는 문제 아이라는 자기 이미지를 갖게 된다. 이런 유아는 자기 충족적 예언을 바꾸기 위해서 타인과 성공적으로 상호작용하는 경험이 필요하다. 그 한 가지 방법은 문제 행동이 나타나기 전에 잠재된 문제 행동의 소지를 없애는 것이다. 유아가 부적절한 행동을 하는 이유가 무엇인지 관찰할 필요가 있다. 활동전이를 두려워하는가? 다른 유아들이 하는 놀이에 잘 들어가지 못하는가? 문제 행동이 일어나는 이유를 확인했다면 유아를 정서적으로 지원하고 더 적절한 행동을 재지시할 때 그것을 가르침의 기회로 사용한다. 예를 들어, 활동전이를 하는 동안 친구를 계속 때리는 유아가 있다면 정리시간 동안 교사가 짝이 되어서 적절한 행동 모델을 보여주고 활동에 대한 불안이 감소되도록 도울 수 있다.

사회성 영역에서는 조금 더 적극적인 모니터가 필요하다. 어떤 유아는 블록이나 극 놀이와 같은 영역에서 특히 과하게 흥분할 수 있다. 자기조절, 놀이기술 및 의사소통 기술이 아주 낮은 유아는 블록과 극 놀이영역에서 기대되는 행동이나 사회적 규준을 지키는 것이 매우 어렵다. 이런 유아는 공간이나 놀잇감을 나누어 갖기 위해 요구되는 의사소통에서의 어려움이 스트레스를 주고 공격적이거나 불안하도록 만들어서 결국 그 영역에서 떠나게 될지 모른다. 이런 유아들을 그 영역에서 떠나게 하기보다 놀이에 참여시켜 성공적인 상호작용을 할 수 있도록 지도하고 모델을 보여 줄 필요가 있다. 놀지 못하게 된 유아는 사회적 기술과 언어를 배우는 중요한 연습의 기회를 잃어버리게 된다. 유아의 문제 행동이 예상되는 시간, 예를 들면, 전이시간에 유아를 잘 관찰한다. 유아가 적절한 행동을 모델링하고 부적절한 행동은 자신이 통제할 수 없게 되기 전에 고칠 수 있는 기회를 준다.

세상을 예측 가능한 것으로 느끼도록 돕기 외현화 행동을 보이는 유아는 일상생활에서 비 일관성을 많이 경험할 때 더 자주 그런 행동을 보인다. 유아의 행동은 제한과 기대에 대한 그들의 이해를 표현하는 하나의 방식일 수 있다. 유아들은 기대되는 것이 무엇인지를 사전에 알게 될 때 그리고 다음에 무슨 일이 일어날지를 예측할 수 있을 때 동기가 부여된다. 일과 활동이 예측 가능할 때 유아는 덜 불안하게 되고 자기조절을 더 잘하게 된다. 특히, 전이시간과 대집단 시간은 정해진 활동순서가 더 도움이 된다. 벽의 사진이나 그림과 같은 시각적인 단서는 유아가 규칙적인 일과를 배우도록 돕는다. 예를 들어, 손 씻는 순서를 찍은 사진을 유아가 쉽게 볼 수 있는 싱크대 옆에 붙여둘 수 있다. 혹은 전이시간에 자제력을 잃고 불안해서 공격 행동을 보이는 유아가 있다면 활동이나 식사 후에 의자를 제자리에 갖다 놓는 것과 같은 예측 가능한 과제나 책임감을 부여할 수 있다.

유아 자신에게 기대되는 행동을 배우도록 돕기 특정활동에 적합한 행동이 무엇인지를 명확하게 이해할 수 있도록 일관성 있는 지침을 제공하여 외현화 행동을 보이는 유아가 저항하거나 힘겨루기를 하지 않도록 한다. 예를 들어, 교사가 유아의 행동을 재지시할 때처럼 유아가 개인적으로 공격을 받는다고 느낄 때 문제는 발생한다. 유아의 저항을 피하기 위해 "하지 마"라는 말 대신 기대하는 것을 긍정적인 말로 표현한다. 유아가 하지 않기 원하는 것보다는 하기 원하는 것을 말해 주는 것이 바람직하다.

몇 가지 명확한 지침을 세우는 것은 이러한 마찰의 횟수를 줄이는 데 도움을 줄 수 있다. 예를 들어, 유아가 다른 유아를 때릴 때 자신을 공격한다고 느낄 수 있는 "때리지 마" 혹은 "나는 네가 친구를 때리는 것이 싫어"라고 말하기보다는 "교실에서 화가 났을 때 우리는 때리기보다는 말로 해야 된단다"라고 알려준다. '우리'라는 표현을 사용하는 것과 같이 보편적 원칙이라고 불리는 이런 지침은 유아의 반항을 줄일 수 있다.

유아와 파트너라는 것을 알게 하는 언어와 전략을 사용한다. 예를 들어, 걸음마기 유아에게도 이런 파트너 관계로 의사소통 하기 위해 "해라" 보다는 "하자" 라는 단어를 사용한다. "손 씻어라" 라는 말 대신 "자, 손 씻자" 라고 말하고 유아를 싱크대로 데리고 간다. 유아가 실수를 하거나 다른 유아에게 피해를 줄 때 지지적이고 온정적인 언어를 사용한다. 예를 들어, 유아가 다른 유아의 간식 접시를 쏟았을 때 "어! 쏟아졌구나. 접시에 같이 담아보자" 라고 하는 것이 좋다.

규칙에 대해 이야기를 할 때 유아가 집중해서 듣고 이해할 수 있게 한다. 집단활동 시간에 규칙을 반복해서 알려주고 지키게 하면 유아는 규칙을 이해하고 익히게 된다.

교사들은 지현이가 운동장에서 다른 친구 머리에 계속해서 모래 뿌리는 것을 걱정하였다. 교사들은 다른 아이들과 무언가를 하고 있느라 바빠서 무슨 일이 일어났는지 알아차리지 못하였으나 원장은 관찰을 통해 지현이가 모래를 던진 후 주변을 둘러본다는 것을 알게 되었다. 교사들은 자신들이 지현이에게 비 일관적으로 반응한다는 것을 알고나서 그 다음 주부터 김 교사가 지현이를 관찰하도록 하였다. 첫 날 김 교사는 지현이가 4번 모래를 던졌고 그 때마다 지현이를 붙잡고 "손에 있는 모래를 내려놓자"라고 말하면서 잠깐 동안 다른 영역으로 가도록 했다. "모래를 던지지 마"가 아니라 "손에 있는 모래를 내려놓자"라고 다시 지시했을 때 지현이는 김 교사의 말을 주의 깊게 들었다. 김 교사는 "모래를 던지지 마"와 "모래를 던져라"가 걸음마기 유아에게는 같은 방식으로 뇌에서 작동된다는 것을 알았다. 또한 김 교사는 차분하고 중립적인 목소리로 말했으며 당황하거나 흥분하지 않았다.

다음 날 지현이는 6번 모래를 던졌고 그 때마다 교사가 자신을 쳐다보는지 돌아보았다. 김 교사는 즉시 일관성 있게 반응하였다. 그 다음 며칠 동안 지현이는 점점 모래를 던지는 행동이 줄어들었다. 일주일 후, 모래를 전혀 던지지 않는 날

도 있게 되었다.

교사는 지현이가 모래를 덜 던지도록 하면서 모래 놀이를 할 때는 적절하게 일관되게 긍정적인 피드백을 주었다. 김 교사는 자주 지현이와 함께 놀았고 지현이가 눈을 맞추려고 할 때는 미소로 반응해주었다.

친구를 사귀고 친구가 되는 방법을 배우도록 돕기 공격적인 혹은 충동적인 행동을 보이는 유아는 또래들과 어울리는 기술을 배울 기회를 가지지 못한다. 교사가 유아의 공격성 때문에 친구들로부터 떼어놓거나 친구들이 이런 유아를 놀이에서 제외시키기 때문이다. 많은 사회적 학습이 일어나는 3세에서 5세 사이의 중요한 시기에 또래와 사이좋게 놀이하는 기회를 갖지 못하게 되면 유아는 점점 더 뒤쳐지게 된다. 모든 유아들은 놀이에 참여하고 장난감과 공간을 공유하는 등 사회적 문제해결 방법을 배울 필요가 있다. 함께 놀이하기 위한 언어를 가르쳐주고 연습시키고 역할놀이를 하며 새로운 기술을 배우도록 지도하여 또래와 상호작용하도록 유아를 지원한다. 기다리고 차례를 지키고 성인과 또래의 언어적 · 신체적 단서를 이해하고 타인의 지원을 수용하는 것을 배우도록 돕는다. 다른 개념을 가르칠 때와 같은 방법으로, 즉 모델링을 통해 리허설과 연습 및 역할놀이 기회를 제공하고 지지적인 피드백과 지도를 통해 친구관계 기술을 가르칠 수 있다.

불가피하게 갈등이 생길 때는 다음에 제시된 갈등해결 과정을 활용할 수 있다. 만약 이 모델을 일상적으로 사용한다면 그 과정에 익숙하게 될 것이다. 다음은 갈등이 일어날 때 활용할 수 있는 예이다.

갈등해결 과정

① 유아가 그 문제에 대하여 말하게 하고 교사는 듣도록 노력한다. 경청하되 지난 이야기에 집착하지 말고 "네가 원하는 것이 무엇이니?" 라는 말로 그 상황을 끝낸다.

② 문제를 명확히 한다. "너희 둘 다 ______을 원하고 있구나!" (중립적 문제 진술)

③ 브레인스토밍 해결: 유아가 서로 이야기하면서 해결책을 제안하도록 돕는다. 만약 진행이 되지 않을 때는 "조금 전에 누가 ______라고 했었지?" 라고 말한다.

④ 모두에게 좋은 해결책을 선택하고 실천한다.

⑤ 해결책을 찾기 위해 노력하는 유아를 격려한다.

⑥ 해결책이 갈등해결에 도움이 되는지를 체크한다.

아래에서 수빈이의 문제 행동을 교사가 몇 가지 기본적 갈등해결 방법을 사용해서 돕는 방법을 살펴보자.

교사가 바깥놀이를 예고하는 정리시간 종을 울렸을 때 수빈이는 물놀이 테이블에서 놀고 있었다. 다른 친구들은 정리를 하기 시작했는데 수빈이는 계속해서 물놀이를 하고 있었다. 교사가 다가가서 몸을 낮추며 수빈이에게 물놀이를 정리해야 될 시간이라고 말했다. 수빈이는 화가 나서 장난감을 바닥에 던지면서 "나는 더 하고 싶단 말이에요"라고 소리를 질렀다.

교사 : (수빈이의 팔을 잡으며 부드럽게) *"물놀이를 더 할 수 없어서 실망했구나!"* (감정을 반영하고 인정해준다)

수빈 : "나는 정리하기 싫어요. 여기서 더 놀고 싶어요" (유아의 요구와 필요를 표현하도록 해준다)

교사 : "너는 놀고 싶은데 밖으로 나가야 하기 때문에 속상하구나" (중립적인 문제 진술로 갈등의 내용을 명확히 한다)

수빈 : "왜 내가 바깥에 나가야 하죠?"

교사 : "너는 물놀이를 계속 하고 싶고 우리는 바깥에 나가야 하는데 이 문제를 어떻게 해결할 수 있을까?" (유아를 문제해결의 상황으로 유도하고 브레인스토밍 방법으로 해결하도록 지도한다)

수빈 : "그럼 물놀이 도구를 바깥에 가지고 가도 되나요?"

교사 : "그럼! 다른 물놀이 도구들은 정리해 놓고 네가 원하는 한 가지만 가지고 갈 수 있어. 나갈 때 가지고 가는 것을 잊지 마" (해결책이 제안되고 시도되었다)

수빈이와 교사는 나머지 물놀이 도구들은 정리해 두고 수빈이가 원하는 물놀이 도구 한 가지만 챙겼다. (제안된 해결책이 실행되었다)

교사 : "네가 좋은 해결책을 찾아냈구나" (유아에게 좋은 해결책임을 알려준다)
수빈 : (웃으며 자신을 행동을 자랑스러워한다)

유아가 적절한 방식으로 행동하도록 돕기 외현화 행동은 그 행동이 어른들이나 친구들로부터 주의를 끌게 되는 부정적인 측면이 있다. 타인의 지속적이며 부정적인 피드백은 유아로 하여금 '나쁜 아이' 라는 자기 이미지를 가지게 한다. 이런 부정적인 자기 이미지를 바꾸고 적절한 관심을 끌기 위한 다른 전략을 사용하도록 동기를 부여하는 것은 긴 시간이 요구된다. 동기는 행동을 발달시키거나 변화시키는 데 큰 영향을 미친다. 우리는 때때로 유아 행동에 대해 보상하거나 처벌함으로써 유아를 동기화하고자 한다. 이것을 외적 동기화라고 한다. 유아에게 내적 동기를 부여하는 것은 더 효과적인 방법으로 내적 동기화는 자신이 하고자 하는 것을 보상이나 처벌 없이도 할 수 있게 하는 태도나 기술을 발달시키도록 돕는다. 유아는 여러 가지 방법으로 내적 동기화될 수 있지만 다음은 일반적으로 적용할 수 있는 방법이다.

- 유아가 선호하는 것을 활용한다. 유아가 흥미 있어 하는 것을 활용하여 싫어하는 활동에 참여하도록 돕는다. 예를 들어, 유아가 실내에서 실외로 나가기를 싫어한다면 그 유아가 좋아하는 놀잇감을 가지고 갈 수 있도록 한다.
- 유아에게 선택권을 준다. 유아는 제한을 받는다고 느낄 때 그것을 더 하고 싶어한다. 예를 들어, 낮잠을 자기 싫어하는 유아에게 어떤 인형을 안고 자고 싶은지, 어느 쪽으로 머리를 두고 자고 싶은지를 물어보면 더 쉽게 낮잠을 잘 수 있다.
- 사진을 이용하여 행동을 지도한다. 유아는 스스로 잘하고 있다고 생각할 때 더 잘하고자 한다. 유아가 놀잇감 공유하기와 같은 행동에서 문제를 보일 때 잘하고 있는 모습의 사진을 찍어서 벽에 붙여둔다. 많은 경우에 유아들은 그 사진을 보면 더 잘 하고자 동기화된다.
- 격려하는 언어를 사용한다. "주변에 물을 자꾸 뿌리면 물놀이 영역에서 더 이상 놀 수 없어!" 라고 말하는 대신에 "물 뿌리기 놀이는 물놀이 영역 안에서만 할 수 있단다" 라고 한다. 반항적이거나 적대적인 행동을 보이는 유아는 종종 직접적인 지시보다는 놀이로 유도할 때 반응을 더 잘 보인다.
- 유아에게 긍정적인 피드백을 준다. 유아가 바람직한 행동을 했을 때 미소를 보여준다. 많은 유아들은 주변 성인들로부터 관심과 사랑을 받고자 한다. 유아가 외현화 문제 행동을 보이지 않을 때 긍정적인 피드백을 주는 것은 보다 적절하게 행동하도록 돕는 가장 효과적인 방법 중 하나이다. 대부분의 유아들은 성인들이 자신을 알아주기를 바란다. 유

아는 관심 받고 있는 행동은 더 많이 반복하게 된다. 바람직한 행동을 했을 때 인정해 주는 것은 유아를 더욱 더 잘하도록 동기화시킨다. 긍정적인 피드백을 줄 때는 유아의 행동을 구체적으로 말해준다. 예를 들어, 유아가 음식을 바닥에 던지지 않고 잘 먹고 있을 때, "우 와! 너는 혼자서도 음식을 잘 먹고 있구나!" 라고 말해준다.

부적절한 행동은 관심을 보이지 말고 무시하는 것이 때로는 효과적이다. 유아가 한 행동에 반응을 보일 때 유아는 그 행동을 더 반복하게 된다. 이것은 유아를 타임아웃 시키거나 야단을 칠 때도 그렇다. 유아의 부적절한 행동이 자신이나 다른 유아 혹은 물건에 해가 되지 않는다면 그 행동을 무시하는 것이 효과적일 수 있다. 이것은 특히 유아가 관심을 끌기 위해 잘못된 행동을 할 때 유용하다. 처음에는 유아의 행동을 무시하면 유아는 부적절한 행동을 더 많이 할지도 모른다. 그 유아는 "내가 나쁜 행동을 하는데도 왜 나에게 관심을 두지 않지? 선생님이 볼 수 있도록 다시 해야지" 라고 생각할 수 있다. 의도적으로 유아의 부정적인 행동을 무시할 때 다른 시간이나 활동에는 그 유아에게 관심을 주기 위해 신경을 써야 한다. 긍정적인 행동에 대해 관심을 주지 않으면서 무시하게 되면 유아의 존재감을 떨어뜨려 문제를 더 악화시키게 된다. 바람직하지 못한 행동은 계획된 무시로 줄이는 동시에 바람직한 행동은 모델을 보이고 가르치고 연습시키고 깨닫게 하는 것이 중요하다.

유아가 자신의 행동을 반성하도록 돕기 외현화 행동을 보이는 유아는 충동성으로 인해 생각 없이 행동하게 된다. 이런 유아들에게 자기 행동의 결과를 반성하도록 지도한다. 반성을 통해 유아는 행동하기 전에 생각하는 시간을 가질 수 있다. '왜' 라는 질문보다는 '무엇이' 그리고 '어떻게' 라는 질문을 사용한다. 대부분의 유아들은 발달적으로 '왜' 라는 질문에 적절하게 대답할 수 있는 인지능력을 가지고 있지 않다. 예를 들어, "네가 뭘 하려고 진수를 밀었니?" 혹은 "어떻게 하면 네 순서에 빨간 자전거를 탈 수 있겠니?" 라고 말해야 한다. 이러한 질문과 기술로 반성할 기회를 가지게 하는 것은 유아가 의식적으로 행동을 선택하도록 돕는다.

2) 내재화 행동

일반적으로 내재화 행동은 불안장애, 우울, 양극성장애 아동에게 나타난다. 유아들에게 흔히 나타나는 내재화 행동은 울기, 매달리기, 두려움, 위축, 배 아픔, 타인과의 놀이 회피와 "나는 못해요"라는 태도이다. 이런 유아들은 활동에 참여하기, 변화에 적응하기 혹은 즐거움을 표현하는 것이 어려울 수 있다. 다음은 내재화 행동을 가장 효과적으로 다루기 위한 전략이다.

자신의 기분을 다른 사람에게 말하도록 돕기 내재화 문제를 보이는 유아는 자주 외톨이라는 느낌을 갖는다. 그리고 그 느낌은 자기만 가지고 있고 자신에게 무엇인가 잘못이 있다고 생각한다. 이런 유아에게 감정을 표현할 수 있는 단어를 알려준다. 어떤 감정인지 알면 조절할 수 있다. 주인공이 두려움, 화남 또는 슬픔을 경험하는 동화책을 읽어주고 유아가 비슷한 자신의 감정을 이야기하도록 돕는다. 내재화 문제를 보이는 유아는 타인과의 관계에서 회피하는 경향이 있기 때문에 의사소통 하는 능력이 중요하다.

유능감을 갖도록 돕기 내재화 문제를 보이는 유아는 종종 "나는 못해" 혹은 "나는 바보야" 라고 말한다. '내가 잘 할 수 있는 것' 을 유아와 찾고 기록한다. 여러 가지 활동영역에서 유아가 가장 잘 할 수 있는 것을 찾고 그 정보를 벽에 붙이거나 파일에 모은다. 가능하다면 잘 하는 모습을 찍은 사진도 넣는다. 예를 들어, 능숙하게 자전거 타기, 간식테이블 정리하기, 한발로 뛰는 모습 등 내재화 문제를 가진 유아는 우울증을 가진 유아처럼 자신이 잘하는 것이 무엇인지 모를 수도 있다. "어제 네가 미술영역에서 이름을 쓰고 있는 것을 봤는데 정말 잘 쓰더구나" 또는 "우리가 책을 읽을 때 너는 정말 집중해서 듣는구나" 와 같은 말을 해주는 것이 필요하다.

더 나이든 유아는 '나는 할 수 있어' 기록지가 도움이 될 수 있다. 기록지를 가져가서 유아가 최근에 성공적으로 했던 일에 대해서 쓰도록 한다. 기억을 돕기 위해 사진을 이용할 수 있다. "나는 블록으로 높은 탑을 만들었어" 혹은 "나는 햄스터를 귀여워해" 혹은 "나는 요리영역에 내 요리를 완성했어"와 같이 쓸 수 있다. 아동이 수시로 기록지를 볼 수 있도록 한다. 그리고 가정으로 보내어 가족들과 함께 보게 하고 교사는 조용한 시간에 아동과 그 내용에 대해 이야기한다.

기대감을 갖도록 돕기 내재화 행동을 보이는 유아는 재미있는 것이나 기대할만한 것이 없다고 느낀다. 다음의 활동은 유아가 기대감을 갖도록 하는 데 도움을 줄 수 있다.

- 유아가 앞으로 일어날 활동(**예** 견학)을 계획하는 데 참여하도록 한다.
- 일과를 마칠 때 내일 일어날 재미있는 활동에 대해 알려준다.
- 특별하고 즐거웠던 경험을 담은 사진첩을 만들어 언제든지 보게 한다.

안정감을 느끼도록 돕기 유아가 안정감을 느끼지 못하면 우울한 행동이 증가한다. 일상적이고 예측 가능한 일과는 유아에게 환경에 대한 조절감을 가지게 한다. 우리가 지루하고 반복적이라고 느끼는 것이 불안하거나 우울한 유아를 진정시키는 데 도움이 될 수 있다.

결속감을 가지도록 돕기 내재화 행동을 보이는 유아는 성인이나 또래와의 사회적 접촉을 피하기도 한다. 이런 유아가 타인과 편안하게 상호작용하도록 하기 위해서는 다음과 같은 것이 도움이 될 수 있다.

- 단짝 친구되기 활동을 통해 사회화를 격려한다.
- 2인용 놀이기구에 함께 태운다.
- 2인용 간식테이블을 배치한다.

- 테이블이나 책을 옮길 때 유아에게 도와달라고 한다.
- 컴퓨터 영역에 2인용 게임을 할 수 있는 '기다리는 의자'를 만든다.
- 관례적인 활동을 개발한다. 반복되는 일과와 같이 관례적인 활동은 유아를 편안하게 하며 불안을 줄이는 데 도움이 된다. 관례적인 활동은 즐거움을 느끼게 하며 어린 유아들을 동기화시킨다. 예를 들면, 걸음마기 유아가 바깥놀이를 하다가 멈추고 교실로 들어가려고 할 때 손을 흔들며 "놀이터야 안녕! 다음에 봐!"라고 인사한다면, 실내활동으로 보다 쉽게 전이되도록 해주며 연결감을 갖게 한다. 매일 아침모임에 똑같은 노래를 부르는 것은 유아를 안정시키고 유대감을 갖게 하는 또 다른 예가 된다.

두려움을 극복할 수 있도록 돕기 유아가 두려움을 극복하는 데 도움이 되는 중요한 방법은 그들의 감정을 인정하고 표현하고 이해할 수 있게 하는 것이다. 그리고 가능하다면 두려움이 강화되는 것을 피한다.

민주는 소방훈련 때마다 매우 불안해 하며 소리를 지른다. 교사는 매달 진행하는 소방훈련을 걱정하였다. 민주는 아주 긴장하여 극도의 불안감을 보이고 교사가 소방훈련 경보가 울릴 거라고 알려줄 때 고함을 지르기 시작한다. 교사는 경보가울리기 전에 민주를 밖으로 데리고 가는 것이 도움이 되는지를 알아보기 위해 정신건강 전문가에게 의뢰하였다. 그러나 전문가는 소방훈련 경보를 피하는 것이 민주의 두려움을 강화시킨다고 생각하였다. 그 대신 전문가는 교사가 경보음을 녹음하도록 제안하였다. 교사는 민주 옆에 앉아서 녹음하면서 말했다. "경보음은 아주 무서운 것 같아. 그렇지 않니?" 그 다음 교사는 민주에게 녹음기를 켜고 끌 때 어떻게 버튼을 작동시키는지 보여주면서 소리를 크게 하고 줄이는 방법을 가르쳐주었다. 민주는 녹음기에 관심을 보이며 경보음을 참을 수 있게 되었다. 다음 번 소방훈련 때 교사는 민주를 경보 스위치 누르는 사무실 앞으로 데리고 갔다. 민주는 교사가 스위치 누르는 것을 옆에서 도왔다. 민주는 여전히 시끄러운 소리에 깜짝 놀랐지만 교사의 품에 조용히 안겨 있었다. 몇 달 지나지 않아 민주는 경보가 울렸을 때 여전히 깜짝 놀라기는 하였지만 교사가 가까

이 있는 한 극도의 불안을 보이지는 않았다.

3. 약물치료

한 학급에서 몇몇 유아는 정신장애 진단으로 약물치료를 받을 수도 있다. 약물치료는 중요한 부분이지만 광범위한 치료계획의 하나일 뿐이다. 최상의 약물치료라도 모든 증상과 문제를 해결하지는 못한다. 또한 유아교육기관에서의 행동은 교사의 지원과 도움이 요구된다. 아울러 약물치료에 대한 몇 가지 기본적인 것을 이해할 필요가 있다.

- 의사는 약물치료의 전문가이고 가족은 유아에 대해 전문가이다. 약물치료에 대한 결정은 의사와 가족에 의해 이루어진다. 교사가 가족에게 약물치료를 강요하거나 의사의 충고에도 불구하고 약물치료를 그만두도록 하는 것은 부적절하다.
- 약물치료는 제 시간에 정확한 양을 복용해야 한다. 약물치료가 효과적이기 위해서는 정해진 투약방법을 따라야 한다. 약물치료를 정해진 시간에 하지 않거나 복용량을 제대로 지키지 않으면 부작용이 일어나거나 효과가 줄어들 수 있다.
- 유아의 행동변화를 관찰해서 가족에게 보고해야 한다. 교사는 유아의 증상 감소와 기능 향상 및 부작용을 주의 깊게 관찰해야 한다.

4장

가족과 협력하기

유아의 정신건강을 위한 서비스에 가족은 필수적인 파트너이다. 교실에서 가족과 개방적이고 지지적이며 상호 존중하는 관계를 발전시키려는 노력은 서비스를 필요로 하는 유아에게 성공적인 변화를 이끌어내어 편안하고 효과적인 의사소통을 하게 한다. 자녀에 대한 부모의 꿈과 기대, 그리고 부모의 가치관 및 신념에 대해 아는 것도 필요하며 교사의 기대와 아동 발달에 대한 전망을 부모와 함께 나누면서 자녀에 대한 가족의 목표를 지원하는데 한팀이 되도록 한다. 기억해야 할 격언 하나는 "부모가 자녀에게 하도록 바라는 것처럼 당신도 부모를 대해야 한다" 이다.

유아의 가족과 관계 맺는 방법에 주목해야 한다. 교사가 부모와 상호작용하는 방식은 부모가 자녀와 상호작용하는 방식에 영향을 준다. 이런 현상을 평행적 과정(parallel process)이라고 한다. 교사가 강점에 기초한 지지적 접근을 사용할 때 부모도 자녀를 긍정적으로 보고 벌을 주기보다는 오히려 지지적인 전략을 사용하는 것 같다. 교사가 부모를 책망하는 방식으로 대하면 부모들도 다시 자녀를 책망하게 된다.

부모-교사 간 유대감 발달시키기

가족과 한팀이 되는 것은 유아를 성공적으로 치료하는 데 중요한 요소이다. 유아는 부모-자녀 관계의 일부이다. 학교나 가정에서 유아와 관계의 질을 향상시키는 것은 유아의 행동에 긍정적인 영향을 줄 수 있다.

1) 부모와 좋은 관계를 맺는 전략

문화적인 다양성을 이해하고 존중하기 자신과 다른 가치, 신념과 행동을 이해하도록 노력한다.

가족을 이해하고자 하는 마음을 가지고 다가가기 가족의 관점으로 유아를 이해하도록 한다. 문화권마다 양육방법은 다를 수 있다. 어떻게 가족들이 양육을 정의하고 표현하는지를 이해한다. 가족 중에 아동양육을 결정하는 사람이 엄마인지, 아빠인지 혹은 조부모인지를 알아 볼 필요가 있다.

가족과 자주 의사소통 하기 자녀의 등·하원 시에 이루어지는 부모와의 간단한 대화를 활용한다. 유아의 성공과 긍정적인 경험을 주기적으로 가족과 나눈다. 만약 부모가 걱정하는 점이 있다면 집중적인 대화를 위해 개별면담을 계획하고 집으로 '알림장' 을 보낸다. 그리고 견학을 따라가거나 자원봉사할 수 있도록 가족을 참여시킨다.

가족마다 관계를 맺는 전통적인 방식이 있다는 것을 기억하기 가족의 전통을 알면 효율적으로 대할 수 있다. 예를 들면, 전문가와의 담화에서 사용되는 형식적인 면담형식을 기대하는지 혹은 심각한 문제를 이야기하기 전에 다과를 나누며 비형식적인 대화를 원하는지 가족과 적절하게 이야기 나누는 방법을 찾는다.

의사소통 방식의 차이 인식하기 저맥락(low-context) 의사소통 양식은 직접적이고 언어적인 의사소통에만 의존하는 것이다. 반면 고맥락(high-context) 의사소통 양식은 언어적 의사소통이 저맥락 의사소통 만큼 풍부하지만 그렇지 않을 경우 제스처, 이야기 만들기, 뉘앙스를 통해서 의사소통하는 것이다. 김 교사는 지수가 매일 같은 시간에 학교에 도착한다면 지수의 문제는 없어질 수 있는 것이라고 생각했고 이 점을 지수의 어머니와 의논하기 위해 개별 면담을 하였다. 지수 어머니는 김 교사가 규칙적인 시간의 중요성에 대해 설명할 때 고개를 끄덕였다. 교사는 자신의 이야기에 엄마가 동의했다고 생각했는데 지수가 여전히 제 시간에 학교에 오지 않자 김 교사는 당황스러웠고 화가 났다. 교사는 지수 가정의 문화에서 '예' 라고 고개를 끄덕이는 것은 '나는 당신의 말을 듣는다' 라는 의미이지 '나는 당신 의견에 동의한다' 는 것이 아니라는 것을 몰랐다. 만약 교사와 부모가 서로 다른 의사소통 양식을 사용한다면 이것은 감정을 상하게 하거나 오해를 일으킬 수 있다.

2) 가족과 관심을 공유하기

문화 차이가 있음을 기억하기 가족이 다른 사람과 개인적인 문제를 이야기하고 정신건강 전문가와 함께하는 방법은 문화에 따라 다르다. 부모와 효과적으로 의사소통 하기 위해서 이러한 태도와 관심사들을 조사하고, 인정하고, 확인한다. 많은 교사들은 유아의 문제를 '개선하고자 하는' 관점으로 접근하지만 다른 관점을 선호하는 문화권도 있다. 유아를 '치료하기 위해' 최근 연구와 새로운 약물을 찾기보다는 유아를 있는 그대로 수용하고 가족과 통합하여 조화를 이루는 것을 더 강조하는 문화도 있다. 이런 문화권의 사람들은 새로운 연구나 기법을 교사만큼 중요하게 생각하지 않을 수도 있다. 이러한 점을 이해하거나 받아들이는 것이 힘들 수 있지만 자녀 양육과 치료에 대한 가족의 관점을 존중하는 것은 중요하다. 유아의 흥미와 발달을 심사숙고하여 가족이 선택할 수 있는 모든 가능성을 가족과 함께 알아볼 필요가 있다.

강점을 강조하는 존중의 언어 사용하기 자녀에 대해 부모와 이야기할 때 지지적이고 온정적으로 대한다. 만약 교실에서 유아와 문제가 있어 부모에게 화가 나거나 비난하고 싶은 마음이 들 수 있지만 이런 좌절감에 대해 부모와 의사소통 하는 것은 협력적인 관계를 형성하는 데 도움이 된다. 부모에게 유아의 문제를 이야기할 때 자신이 사용하는 단어와 목소리 톤을 생각해 본다. 바쁘고 스트레스 많은 생활을 하면서 유아를 양육하는 부모의 어려움을 공감하며 "어머니, 아이를 제 시간에 재워 주세요" 라고 말하는 대신 먼저 "어머니, 아이를 제 시간에 재우기가 참 어렵지요" 라고 말한다. 이처럼 부모의 감정을 알아줄 때 부모는 자신이 존중받고 있다고 느껴서 교사의 제안을 더 잘 수용할 것이다.

교사가 유아를 돕는 방법에 대해 부모에게 설명하기 부모와 유아교육기관에서의 중재방법을 공유한다. 그리고 가정에서는 그것이 어떻게 다루어지고 있는지 질문한다. 교사가 관찰한 내용에 부모가 어떻게 생각하는지 질문하고 부모의 자녀관도 함께 듣는다. 그리고 부모의 경험으로부터 배우고 그들의 제안에 귀를 기울인다. 예를 들면, "어떻게 하면 낮잠시간에 태수가 이불 위에 가만히 누워 있도록 도와줄 수 있을까요?" 라고 질문할 수 있다. 가정에서 유아의 행동이 어떤지, 어떤 변화가 있는지 질문하되 문화적 가치를 민감하게 인식한다. 어떤 문화는 가족이 아닌 다른 사람들과 가족의 정보를 공유하는 데 강한 거부감을 보이기도 한다.

정확하고 비난하지 않는 말로 관찰결과 공유하기 진단명보다 유아의 행동과 문제에 초점을 둔다. 정신건강 전문가들만이 장애진단을 할 수 있다는 것을 명심한다. 유아의 행동을 적절하게 기술하는 것은 가치 있는 정보를 제공하는 것이며 또한 문제에 대해 부모와 의사소통 하는 더 좋은 방식이다. 다음 표는 몇 가지 지침을 보여준다.

지침	... 대신에	... 라고 말한다
유아에 대한 일반적인 설명 대신 관찰한 것의 구체적인 예를 제시한다.	진수는 자기 통제가 안 되며 항상 성인의 도움이 필요합니다.	오늘 이야기 나누기 시간에, 진수는 몇 분 동안 자리를 이탈하였습니다. 진수는 보조교사가 옆에서 손을 잡아줄 때 앉았습니다.
진단명을 제시하기보다 행동을 기술한다.	저는 대선이가 자폐증을 보인다고 생각합니다.	저는 대선이가 교실에서 또래나 성인과 상호작용하는 것을 거의 본 적이 없습니다. 어머니도 그렇게 생각하십니까?
유아를 낙인찍는 대신 관찰한 것을 그대로 설명한다.	건우는 수동적인 것 같습니다.	하루는 친구가 건우의 장난감을 가져갔는데 건우는 가만히 서서 고개를 숙이고 울고 있었습니다. 성인의 도움을 요구하지도 장난감을 다시 가져오지도 않았습니다. 이것에 대해 어떻게 생각하십니까?
'항상'과 '절대'와 같은 단어를 피하라. 대신 "나는 주목한다", "나는 보았다"와 "나는 그런 것 같다"와 같은 가치-중립적 언어를 사용한다.	태수는 절대 앉지 않습니다. 태수는 항상 교실 주위를 뛰어다닙니다.	태수는 활동시간에 심지어는 점심시간에도 앉아 있는 것을 힘들어 합니다. 태수는 낮잠시간에 이불 위에서 종종 앞뒤로 구르는 것을 볼 수 있고 가만히 누워 있는 것을 힘들어 합니다. 집에서도 이렇게 활동적입니까?
유아의 나쁜 버릇보다 부족한 생활기술에 초점을 둔다.	명희는 친구의 장난감을 빼앗고 친구를 많이 때립니다.	명희가 친구들과 차례 지키기를 할 수 있도록 도울 수 있는 방법을 생각해 봅시다.

문제가 있으면 가능한 빨리 가족과 의사소통 하기 걷잡을 수 없는 상황이 되기 전에 부모와 신뢰감과 파트너십을 형성한다. 유아의 행동이 장애진단 기준의 세 가지 모두에 해당되는지를 알아보는 동안 가족과 계속적으로 의

사소통 한다. 세 가지 기준은 다음과 같다. 첫째, 증상은 종종 혹은 오랜 기간 지속된다. 둘째, 증상은 하나의 환경 이상에서 나타난다. 셋째, 증상이 심각한 고통이나 기능상의 손상 혹은 두 가지 모두를 야기한다. 자녀를 선별하거나 의뢰하도록 교사가 제안하는 것이 갑작스러운 결정으로 느껴지지 않도록 가족에게 지속적인 정보를 제공한다.

긍정적인 소식을 지속적으로 공유하기 교사가 유아의 장점을 발견하고 독특한 존재로 인정하고 있다는 것을 부모에게 알릴 필요가 있다. 모든 사람이 유아에 대해 균형적인 관점을 갖도록 돕는다.

필요할 때 전문가의 도움 요청하기 사회 · 정서적인 어려움을 가진 유아를 지원하기 위해 환경 또는 관계를 변화시킨다 하더라도, 때로는 추가적인 선별이나 지원을 위해 유아와 가족을 전문가에게 의뢰하는 것이 필수적이며 유아에게 최선이라는 것을 발견하게 될 수 있다. 외부 전문가 지원은 가장 어려울 때 가족과 유아 모두에게 도움을 줄 수 있다. 질적으로 우수한 정신건강 전문가들은 문제의 기저요인을 밝히는 기술을 가지고 있어 유용한 중재 전략을 설계하는 데 도움을 줄 수 있다. 전문가의 도움을 받는 것에 대한 부모의 입장을 고려하고 정신병리와 관련해서 다른 사람의 도움을 구하는 그들의 문화적 가치에도 민감해야 한다. 문화적 배경에 상관없이 대다수의 사람들은 '낯선 사람' 에게 도움을 요청하는 것은 어려워한다. 특히 자녀에 대해서 그리고 정신병리와 관련되어 있을 때는 더욱 그렇다.

부모에게 유용한 자원과 의뢰기관 알아두기 종종 부모는 자녀의 심리적 평가나 치료를 어디에서 시작해야 할지 모른다. 만약 유아교육기관 내에 정신건강 상담사가 있다면 부모에게 소개한다. 혹은 지역사회 전문상담기관이나 소아정신과를 소개해 줄 수 있다.

3) 중재 기술 및 방법 제안하기

부모는 가정에서 자녀의 문제를 지도하는 데 필요한 도움을 요청할 수 있다. 가정방문 혹은 부모교육 시간에 아래의 몇 가지 중재 기술과 방법을 공유한다.

문제예방법 제안하기 예를 들어, 밤에 무서워서 잠을 깨는 4세 유아를 위해 부모에게 손전등을 침대 곁에 놓아두게 할 수 있다.

선택할 기회 주기 이것은 특히 2세 유아에게 유용한 기술이다. 부모는 "너, 흰 양말과 파란 양말 중 어느 것을 신을 거니?" 혹은 "화장실에 혼자 갈까? 엄마와 같이 갈래?" 라고 선택권이 있는 질문을 하도록 가르친다.

기대에 대한 설명의 중요성을 이해하도록 돕기 유아의 잘못된 점을 말하기보다 부모가 바라는 점을 설명하도록 한다. 예를 들면, "침대에서 내려오지마" 라고 하기보다는 "아침까지 침대에서 잘 자고 일어났으면 좋겠어" 라고 말한다.

침착함과 자기통제의 중요성에 대해 말하기 부모가 자신의 화를 조절하는 것을 보여줄 때 유아도 그들의 화를 다스릴 수 있다.

일반적인 유아 발달의 시간표 공유하기 일반적인 아동 발달에 대한 정보를 공유함으로써 가족이 자녀에게 현실적인 기대를 가지도록 한다. 이에 대한 지침은 〈부록〉을 참조하라.

가족을 위한 다음의 표는 몇 가지 건강한 양육의 원리를 요약 · 정리한 것이다.

유아의 건강한 정서 및 행동 발달 돕기	
부모가	**자녀는**
매일 자녀와 말하고 놀고 책 읽는 시간을 가질 때	사랑을 주고받는 법을 배우고, 부모를 역할 모델로 삼게 된다. 그리고 삶을 사랑하게 되고 학습과 성장의 욕구를 발달시킬 것이다.
자녀를 독특한 기질, 재능, 선호를 가진 한 개인으로 받아들일 때	개인으로서의 가치를 느끼게 되며 자신과 타인을 존중하고 인정하는 것을 배우고 자신의 특별한 재능을 개발할 수 있을 것이다.
자녀에게 가족의 문화와 가치에 대해 가르칠 때	자신이 누구이고 어디에서 왔으며 자신의 소중함과 자기에게 기대되는 역할을 이해하게 될 것이다.
자녀가 자신의 감정을 이해하고 표현하도록 도울 때	공감을 배우고 자신의 감정은 두려워하거나 부끄러운 것이 아니라는 것을 이해하게 된다. 따라서 자신의 감정을 적절하게 표현하는 방법을 배울 것이다.
자녀의 독립심과 협동심을 격려할 때	스스로 하는 것을 배우고 타인과 함께 일하고 놀이하며 돕는 것을 배우게 될 것이다.

제2부

심리적 장애와 진단기준

Descriptions and Diagnostic Criteria for Common Psychological Disorders

들어가는 글

제2부에서는 유아에게 흔히 진단하게 되는 구체적인 정신장애들을 상세하게 살펴볼 것이다.

1장에서 심리장애에 대한 준거를 살펴보았다. 즉, 유아가 발달적, 문화적으로 기대되는 것에서 심한 일탈을 보일 때, 그리고 증상이 아래의 모든 준거에 해당될 때 우리는 장애를 의심해 볼 수 있다고 말했다. 이 준거는 제2부에서 다루게 될 모든 장애에 적용된다.

- 증상은 자주 그리고 오랫동안 지속된다.
- 증상이 하나 이상의 환경에서 나타난다.
- 증상이 심각한 고통이나 기능상의 손상 혹은 두 가지 모두를 야기한다.

2장과 3장에서는 정신건강 문제를 가진 유아가 보이는 행동상의 어려움을 효과적으로 다룰 수 있는 실제뿐만 아니라 몇 가지 중요한 관찰과 관리방법에 대해 논의하였다. 제2부에서 제시된 장애에 대한 전략은 제1부에서 나온 개념과 접근을 기초로 한 것이며, 사회적 · 정서적 발달을 촉진시킬 수 있는 토대가 된다. 그러한 기본적 토대가 없다면 제2부에 제시된 각 진단범주에 대한 구체적인 중재는 실행하기도 어렵고 성공하지도 못할 것이다.

제2부에서는 각 장애의 특성을 소개하고 이러한 장애를 가진 유아에게 효과적으로 반응하기 위한 방법을 제공하고 있다. 각 장에는 그 장애 유아의 전형적인 모습을 간단한 일화로 서술하고 있으며 장애의 증상, 원인, 치료와 중재 및 유아교육기관에서의 전략을 소개하고 있다.

각 장에 나와 있는 증상과 치료 및 중재에 관련된 많은 정보는 유아를 진단하고 중재하는 아동심리학자, 정신과 의사 그리고 다른 전문 상담가들이 사용하는 두 가지 기본적이면서 전문적인 문헌을 참고하여 기술한 것이다. 가장 일반적으로 사용되고 있는 책은 미국정신의학회에서 발간된 『정신장애 진단 및 통계 편람(IV-TR)』(Diagnostic and Statistical Manual of Mental Disorders, Fourth Edition, Text Revision(DSM-IV-TR)이다. 여기에 정신장애를 진단하고 분류하는 데 도움이 되는 진단기준과 세부사항 등 여러 정보가 제공되어 있다. 『개정 영유아기의 정신건강 및 발달적 장애의 진단체계』(The Diagnostic Classification of Mental Health and Developmental Disorders of Infancy and Early Childhood, Revised Edition(DC: 0-3R)는 더 최근의 자료이다. 이 책은 영아기와 걸음마기에 나타나는 발달장애와 정신건강 진단체계에 관한 것으로, 유아기 발달과 정신건강에 대해 여러 분야의 전문가들의 일치된 의견이 반영되어 있다.

유아교육기관에서 사용해 보도록 제안한 전략은 이 책의 저자들이 발달에 어려움이 있는 유아들을 직접 지도하면서 사용한 방법으로써 다양한 자료에서 나온 많은 아이디어를 종합한 것이다.

제2부에서 각 장애의 특성과 증상을 주의 깊게 살피는 방법, 부모와 정신건강 전문가와 함께 작업하는 방법을 배움으로써 교사는 유아의 정서적 건강과 사회성 발달에 기여하는 기술과 능력을 향상시킬 수 있을 것이다.

5장

애착장애

최근까지지도 원하지 않은 임신으로 출생한 유아는 음식, 의복과 같은 기본적인 환경은 주어지나 그 이상 부모와의 상호작용은 거의 하지 못하고 있다. 이러한 환경의 유아는 대부분 3세 이상 살지 못하며 눈에 띄는 발달적 지체로 고통을 받는다(Spitz, 1946). 이러한 결과가 의미하는 것은 유아가 잘 자라기 위해서는 부모와 건강한 애착 형성을 위한 안정적이고 온정적인 상호작용을 반드시 경험해야 한다는 것이다.

건강한 애착은 일반적으로 영아와 양육자 사이가 일관적이며 예측 가능하고 따뜻하며 온정적인 유대라고 할 수 있다. 애착 관계는 건강한 자기 가치감, 자기조절, 자기 진정의 능력 및 관계의 본질을 이해하는 능력과 같은 사회·정서적 발달을 촉진시키는 데 필요한 많은 경험과 상호작용을 제공한다.

발달연구는 영아의 인지능력이 상당히 높은 수준임을 보여주고 있다(Beebe & Lachmann, 2002). 심지어 갓 태어난 아기도 원인과 결과에 대한 어느 정도의 감각을 가지고 있기 때문에 다음에 어떤 일이 일어날지 이해할 수 있다는 것이다. 영아가 울면서 뭔가 요구할 때 대개의 부모는 영아를 안아주면 영아는 "내가 울면 누군가가 올 것이다"라는 것을 알게 된다. 4개월 된 영아는 자신의 경험을 기억할 수 있고 부모의 기분을 느낄 수도 있다. 부모와의 경험에 의해 생활이 좌우되는 매우 어린 영아도 이러한 기본적인 기술을 통해 부모와 상호작용하고 건강한 발달을 위한 애착을 발달시킨다.

1. 유아에게 미치는 부모의 영향

부모와의 초기 경험은 유아의 건강한 발달에 기초를 제공한다.

1) 자기존중감과 자기효능감

부모가 유아에게 반응적이고 양육적이면 유아는 다른 사람이 자신에게 도움과 편안함을 주는 존재라고 여기며 자기 자신을 가치롭게 생각하게 되어 유아는 자신의 욕구를 다른 사람에게 표현할 때 받아들여질 것이라는 것을 알게 된다. 유아가 배고프거나 안아달라고 울어도 아무런 반응이 없는 환경에서 자란다면 욕구를 만족시킬 수 있는 자신의 능력을 불신하게 되며 종종 자신을 매우 가치 없다고 느끼게 된다. 비현실적인 기대 그리고 방임적이거나 난폭하고 비일관적인 양육은 유아에게 낮은 자존감과 자기효능감 및 불안을 갖게 한다.

2) 인간관계에 대한 이해

성공적인 사회적 관계는 정신건강에 중요하다. 첫 관계의 경험이 따뜻하고 지지적이고 긍정적이었던 유아는 이후 관계도 그럴 것이라는 기대를 하게 된다. 마찬가지로 첫 관계의 경험이 부정적이거나 상처가 있는 유아는 이후 관계도 그럴 것이며, 그러한 관계가 그 유아를 소심하고 의존적이게 하고 신뢰감 형성을 어렵게 할 것이다. 부정적인 인간관계를 경험한 유아는 다른 사람과 적절하고 긍정적인 상호작용 방법에 대한 지식이 제한되어 결과적으로 사회적 기술이 부족하게 된다.

3) 주변 세계에 대한 이해

부모의 애정적이고 세심한 보살핌을 받은 유아는 세상이 친절하고 따뜻한 곳이라는 느낌을 발달시킬 것이다. 무관심하고 난폭하거나 비일관적인 양육을 받은 유아는 세상이 차갑고 애정도 없고 친밀감과 만족감에 대한 희망을 가질 수 없는 고통스러운 곳이라는 느낌을 발달시킬 것이다.

4) 자기조절

영아는 자신의 행동과 반응을 조절하는 능력이 거의 없이 태어나기 때문에 부모가 '상호 조절자' 가 된다. 부모가 규칙적인 일과와 일관된 기대를 제공하고 유아가 고통스러울 때 적절하게 달래고 지원한다면, 유아는 스스로 진정하고 조절하는 능력을 내면화할 수 있을 것이다. 반면 유아가 다음에 어떤 일이 일어날지, 좌절과 고통을 어떻게 조절해야 될지에 대해 확신을 못하고 혼란스러워 할 때 그대로 내버려 둔다면 자기조절 능력을 형성하기 어렵다. 몇몇 연구자들은 자기조절에 근본적으로 어려움이 있는 유아는 아동기 후반에 정신장애가 나타날 가능성이 유의미하게 높다고 한다(Schore, 1999).

5) 뇌 발달에 미치는 영향

몇몇 연구들은 초기 양육경험이 뇌 발달에 영향을 주는데, 이때 만들어진 기대와 상호작용 방식은 시간이 지날수록 변하기가 더 어렵다고 밝히고 있다. 애착 문제가 조기에 발견되어 해결되지 않는다면 유아는 중요한 사회적·정서적 어려움을 갖게 될 것이다. 불안정 애착은 언어와 운동 기술과 같은 다른 영역에 있어서도 발달상의 지체를 초래할 수 있다. 이것은 부모가 방임적이고 유아가 주변을 탐색하고 상호작용할 수 있는 충분한 기회를 주지 않는 경우에 특히 그렇다.

건강한 애착 건강한 사회적 발달과 애착의 일반적인 단계*	
연령	영유아의 행동
0~3개월	• 친숙한 목소리가 나는 쪽으로 고개를 돌린다. • 미소에 반응하여 미소를 띤다. • 교대로 소리를 주고받는다. • 행복, 슬픔과 같은 감정을 표현하기 시작한다(고통은 아직 예외).
3~6개월	• 친밀한 사람들에 대한 선호를 보이기 시작한다. • 까꿍 놀이와 같은 주고받는 놀이를 한다. • 화를 포함하여 여러 감정을 나타내기 시작한다.
7~12개월	• 부모에 대한 강한 선호도를 보이기 시작한다(특정 초점적 애착). • 다른 사람의 감정을 인식한다. • 대상영속성이 발달하기 시작한다. • 돌아다니면서 환경을 탐색할 수 있다. • 분리와 낯선 사람에 대한 불안이 나타난다.
12~18개월	• 걷고 말하기 시작하면서 의사소통과 탐색을 통한 독립심이 증가한다. • 단어, 몸짓, 움직임을 종종 모방한다. • 보다 독립적인 행동이 발달하지만 부모가 가까이 있기를 바란다(이것을 안전기반 현상이라고 부른다). • 분리와 낯선 사람에 대한 불안은 여전히 나타난다. • 또래들에게 관심을 보이며 평행놀이를 한다. • 가상 또는 상징 놀이가 발달하기 시작한다(예 먹는 척 또는 자는 척하는 놀이).
18~36개월	• 언어능력에 있어서 큰 발달을 보인다. • 과거 경험들과 사건의 순서를 기억할 수 있다. • 경험에 관해 다른 사람에게 말할 수 있다. • 사진과 거울에서 자신을 인식할 수 있다. • 자신을 평가할 수 있다(예 나는 어떤 것을 할 수 있다, 혹은 할 수 없다. 그리고 좋은 것 대 나쁜 것, 착한 혹은 나쁜). • 자의식이 나타나고 부끄러움, 죄책감, 그리고 당황스러움이라는 감정을 인지할 수 있다. • 다른 사람에 대해 공감하기 시작한다. • 다른 사람의 욕구와 기대를 고려하여 결정할 수 있다. • 또래와 상호작용하는 놀이 및 극 놀이기술이 발달한다. • 24개월과 48개월 사이의 일부 아이들은 공격적인 행동이 증가한다.

연령	유아의 행동
3~5세	• 분리와 낯선 사람에 대한 불안이 줄어든다. • 또래와의 협동놀이를 즐긴다. • 자신, 가족, 그리고 집에 대한 의식이 강해진다. • 도전적인 과제들을 선호한다. • 사회적인 문제해결을 하기 시작한다. • 감정을 표현하는 단어들을 적절하게 사용하기 시작한다. • 스스로 진정할 수 있다.

* 이 장에 있는 정보는 세 가지 자료에서 수집한 것이다(Linder, 1993; Crockenberg & Leerkes, 2000; Marvin & Britner, 1999).

애정적이고 양육적인 부모도 실수를 하거나 항상 최선을 다 하지는 못한다. 대부분의 유아는 기복이 있는 날씨처럼 불완전한 양육을 경험한다. 사실, 부모가 실수를 하거나 유아의 욕구를 만족시켜 주지 못할 수도 있지만 그 상황을 수정하거나 충분히 납득시킨다면 유아는 부모와의 관계에 대해서 희망과 기대를 가질 수 있다. 이것이 건강한 애착 관계의 모습이다.

애착 문제와 반응성애착장애의 증상

- 사회적인 관여가 어렵거나 종종 외부와 단절한다.
- 신경질적이거나 쉽게 놀란다.
- 애정을 주고 편안하게 해주려는 다른 사람의 시도를 거부한다.
- 공격성을 보인다.
- 혼자 놀이에 몰입한다.
- 적대적인 행동을 보인다.
- 낯선 사람에게 과도한 친근감을 보인다.
- 매달리고 떨어지지 않으려고 한다.
- 부적절한 접촉을 한다.
- 사람들이 왔다 갈 때 매우 동요한다.

애착 문제 또는 반응성애착장애와 유사한 다른 증상과 특성 :

- 외상후스트레스장애(PTSD)
- 분리불안장애
- 적대적반항장애
- 주의력결핍/과잉행동장애
- 우울
- 양극성장애
- 조절장애
- 자폐장애와 같은 전반적발달장애
- 정신지체

2. 애착 문제와 반응성애착장애

영아반의 혜수는 새로 온 보조교사에게 달려가 다리를 꽉 껴안았다. 혜수는 보조교사의 손을 잡고 소파가 있는 곳으로 끌고 가 무릎 위에 앉으면서 책을 읽어달라고 한다. 보조교사는 놀랐지만 혜수의 요구에 응한다. 혜수는 보조교사의 무릎에 앉아서 보조교사의 머리카락을 장난스럽게 만지고 손에 계속해서 뽀뽀하고 품속으로 깊숙이 파고든다. 보조교사가 일어서려고 하자, 혜수는 가지 말라고 애원한다. 혜수는 누구라도 그 방을 떠나려고 할 때 늘 그랬던 것처럼 바닥에 드러누워 버둥거리면서 운다.

민우는 외부와 매우 단절되어 있다. 누군가가 그에게 말을 걸거나 놀려고 하면 그 자리를 피해버리거나 돌아앉는다. 민우는 누구와도 함께 하려고 시도하지 않고 다른 사람들, 심지어는 오랫동안 알아왔던 사람들이 왔다 갈 때도 알아차리지 못하는 것 같다. 민우는 아침에 엄마와 헤어질 때도 아무런 관심이 없고 오후에 엄마가 데리러 올 때도 엄마를 거의 쳐다보지 않는다. 민우는 학급활동에 참여하는 것을 너무 거부하기 때문에 학급의 일과와 규칙을 따르게 하는 것이 매우 힘들다. 민우는 종종 위축되고 화를 내고 공격적이며 대부분의 시간 동안 감정을 거의 내보이지 않고 다른 사람에게도 거의 관심을 보이지 않는다.

1) 전형적인 증상

애착 문제가 심각한 유아를 반응성애착장애로 진단하기도 하는데, 시설에서 양육되거나 국제 입양유아들에게 흔하다. 학급에 확실한 반응성애착장애로 진단받은 유아 외에도 가벼운 증상에서부터 심각한 증상에 이르기까지 애착 문제가 있는 유아가 있을 수 있다. 따라서 반응성애착장애 기준에 해당되지 않는 유아도 중재와 처치가 필요하다.

아래에 반응성애착장애의 증상을 요약하였다. 이 증상은 5세 이전에 나타나야 한다(DSM-IV-TR):

- 확실한 학대 또는 방임의 증거가 있다. 유아의 기본적인 신체욕구, 애정욕구가 충족되지 못하였다. 유아에 따라 주양육자의 잦은 교체는 적절한 애착 관계의 형성을 방해한다.
- 또래들이 하는 전형적인 방식으로 사회적 상호작용을 시도하거나 반응하지 않는다. 반응성애착장애의 한 가지 유형은 유아가 외부와 단절된 것처럼 보이고 실제로 참여가 어렵다. 유아는 신경질적이고 쉽게 놀라거나 애착에 관련된 상호작용이 혼란스럽다. 예를 들면, 부모에게 가기를 원하지만 눈 맞춤을 피한다거나 부모가 안아주려고 하면 밀쳐버린다.
- 반응성애착장애의 다른 유형은 유아가 잘 알지 못하는 어른에게 지나치게 다정하고 친근하게 대하며 그 사람이 그 장소를 떠나려고 하면 심리적으로 동요를 보인다는 것이다. 이러한 행동을 무분별한 사교성이라고 부르며 종종 유아가 우호적이고 행복하다는 신호로 잘못 받아들여질 수 있다. 하지만 이런 과한 사회적 행동은 건강한 신호가 아니다.

2) 원인

유아의 초기 애착 관계에서부터 애착 문제는 발생한다. 여기에는 몇 가지 원인이 있다:

- 예상치 못한 주양육자의 상실(예 사망, 구속, 유기)
- 아이가 필요로 할 때 일관되게 함께 하지 못하는 양육자(예 양육자가 우울하거나 정신적인 질병을 가진 경우)
- 강압적인 또는 분노를 많이 표현하는 양육(예 양육자가 스트레스가 많거나 아이의 요구를 감당하지 못할 때)
- 학대하는 그리고/또는 방임적인 양육
- 양육자의 잦은 교체(예 위탁양육 또는 친척들이 돌아가며 양육하는 경우)

3) 치료와 중재

반응성애착장애와 애착 문제를 위한 치료는 종종 유아와 부모 간의 관계에 초점을 두는데, 그 부모 역시 학대 또는 방임하는 가족 속에서 성장한 경우가 많다. 지지적이지 않고 사랑이 없는 환경 속에서 성장한 부모는 자신의 자녀에게도 지지와 사랑을 제공하지 못할 수 있다. 따라서 이러한 부모에게는 자신의 자녀가 필요로 하는 기본적인 사회적 · 정서적인 요구가 무엇이며 그러한 요구들을 어떻게 충족시켜 줄 수 있는지에 관련된 정보를 제공할 필요가 있다. 이들은 개인 정신건강과 관련된 치료와 중재 및 지원도 필요로 한다. 부모는 또한 교사의 민감한 지지도 필요로 한다. 교사는 부모가 자녀와 긍정적인 관계를 맺는 모델이 될 수 있도록 부모와 좋은 관계를 가져야 한다. 가끔 부모에게는 집, 음식, 그리고 이동수단과 같은 기본적인 욕구의 해결에도 도움이 필요하다. 가족의 기본적인 욕구들이 해결되지 않을 때 부모가 자녀를 정서적으로 지지하는 것은 대단히 어렵기 때문이다.

반응성애착장애 유아를 입양한 부모는 유아에게 애착을 형성하고 예측 가능하며 긍정적인 사회적 상호작용을 제공할 책임이 있다. 반응성애착장애 유아는 종종 성인의 애착 시도를 거부한다. 부모는 이러한 유아와 애착을 형성하기 위해 많은 인내와 지지가 필요하다. 특히, 그 유아가 공격적이거나 심하게 짜증을 내는 경우는 더욱 그러하다. 부모는 애정적이면서 동시에 단호하게 행동하는 것을 배울 필요가 있다. 또한 처벌, 위협, 거부 없이 유아를 지도하고 확고히 제한하는 것을 배운다면 도움이 될 것이다.

신체적인 구속 또는 강제적인 것을 포함하는 '잡기 치료(holding therapy)', '재탄생 치료(rebirthing therapy)' 와 같은 중재는 추천하지 않는다(미국 소아·청소년 정신의학회, 2004). 공격적인 행동이 심한 유아는 공격성을 줄일 수 있는 약물이 필요할 수 있다. 만약 유아가 지속적으로 우울하거나 불안하다면 항우울제가 필요할 수도 있다.

4) 유아교육기관에서 사용할 수 있는 전략

부모와 의사소통 유지하기 교사와 부모가 한팀을 이루어 협력할 때 유아는 가장 많이 향상된다. 애착 문제를 가지고 있는 유아는 일관성이 필요하므로 교사는 부모와 정기적으로 의사소통 할 필요가 있다. 부모와 의사소통을 시작하고 유지하는 방법에 대한 제안은 4장에 제시되어 있다.

유아가 잘 따르는 사람 정하기 유아가 자연스럽게 따르는 사람이 중재자가 되는 것이 좋다. 유아가 잘 따르는 사람은 대부분의 중재와 애착 활동을 제공하고 위안을 주는 중요한 역할을 해야 한다.

일관성 있고 예측 가능한 일과 만들기 등원 인사와 작별 인사 그리고 전이 등 규칙적으로 일과를 운영해야 한다. 유아와 분리되거나 교사의 부재가 예상될 때 미리 유아에게 말하는 것이 좋다. 유아가 휴일과 방학도 미리 알게 해야 한다. 그리고 잠시 교실을 비우는 것에 대해서도 알려줘야 할 유아도 있으므로 교사가 언제 자리를 비우게 되며 언제 돌아올 것인지를 확실하게 말해야 한다. 교사나 부모는 유아가 안 볼 때 '몰래 나가는 행동' 은 결코 해서는 안 된다.

신체접촉, 흔들기, 눈 맞춤, 움직임, 상호작용 주고받기 및 정서 공유를 포함하는 애착 활동 제공하기 다음에 몇 가지 예를 제시한다.

- 까꿍 놀이
- '아침바람 찬바람에' (This Little Piggy game)
- 눈을 맞추면서 자장가 불러주기
- 아이의 얼굴을 씻기면서 혹은 아이의 머리를 빗겨 주면서 이야기하기 "나는 너의 예쁜 머리를 빗기고 있어. 머리가 참 길고 예쁘구나" 또는 "나는 너의 큰 갈색 눈과 잘생긴 얼굴의 긴 속눈썹을 보고 있어" 와 같이 이야기할 수 있다.
- 유아의 얼굴을 보며 그네를 밀면서 이야기 주고받기

외부와 단절된 유아 또는 애착 놀이에 참여할 준비가 되어 있지 않은 유아와 단순한 상호작용 시작하기 매일 그 유아와 따뜻하게 인사해야 한다. 옆에 앉아 유아가 반응을 보이지 않아도 날마다 짧게라도 이야기를 해야 한다. 유아가 하는 행동을 읽어줘야 한다. 예를 들어, "너는 차를 가지고 놀고 있구나. 나도 차를 좋아해" 다음 날에는 같이 놀 수 있는지를 물어보고, 같이 놀게 되면 유아의 의도를 따르도록 해야 한다. 예를 들면, "나도 차를 가지고 노는 것을 좋아해. 나도 놀 수 있을까?" 라고 말하고 옆에 앉아서 유아가 하는 방식대로 똑같이 그 차를 움직여야 한다. 이러한 함께하는 활동은 유아가 편안한 마음으로 상호작용할 수 있게 해준다.

누구에게나 과도한 애정과 관심을 요구하는 유아에게 애정을 가지고 적절하고 분명하게 제한하기 교사는 이런 유아의 사회적 행동을 제한해야 한다. 예를 들어, 유아가 교사에게 부적절하게 접촉한다면 단호하게 제한을 하고 차분하고 지지적인 태도로 다른 대안을 제시해야 한다. 예를 들면, "안 돼. 네가 여기를 만지는 것이 싫어" 또는 "우리는 저 사람을 잘 모르니까 악수를 하자. 포옹은 오랫동안 알고 지내왔던 특별한 사람하고 하는 거야"라고 말한다.

기본적인 사회적 · 정서적 기술 가르치기 유아가 자신의 감정과 욕구들을 인식하고 말로 표현할 수 있도록 도움을 줘야 한다. 3장에 기술된 적극적 경청 기술을 사용할 수 있다. 일대일 모니터링과 지지를 통해 집단놀이에 들어가고 나오는 기술을 가르쳐 줄 수 있다. 자유선택 활동시간은 이러한 기술을 배우는 데 아주 좋은 시간이다.

애착의 어려움을 가진 유아는 정서적 욕구가 충족되지 않았음을 알기 유아가 외부와 단절하고 공격적이며 심한 짜증을 내고 끝없는 관심과 애정을 요구 하는 것은 부모나 교사를 의도적으로 화나게 만들거나 힘들게 하려는 것이 아니다. 부모나 교사는 인내심이 있어야 하고 따뜻하고 확고하고 일관성이 있어야 한다.

6장

조절장애

이 장은 조절장애와 이러한 장애를 가진 유아를 어떻게 도울 것인지에 대해 상세히 기술하고 있다. 자기조절이 무엇이고 어떻게 발달하는지를 설명할 것이다.

1. 자기조절 이해하기

영아는 무기력하고 비조직화된 상태로 태어나는데, 영아는 출생 전까지는 겪어보지 못했던 상황에 갑자기 직면하게 된다. 예를 들면, 배고파서 먹고 싶다는 욕구를 신호로 보내는 것, 기저귀가 젖고 더러워지는 것을 경험하게 되는 것, 너무 덥고 추운 것을 느끼게 되는 것, 편안함과 친밀감에 대한 욕구를 경험하는 것 등이다. 또한 영아에게 이 새로운 경험은 다양하고 강렬한 감각경험을 갖게 한다. 친숙한 것은 하나도 없고 다음에 어떤 일이 일어날지 예상하지도 못한다. 영아는 매일 많은 도움을 필요로 하지만 자신의 욕구에 대해 의사소통 할 수 있는 방법들을 거의 갖고 있지 않다. 자기조절의 기초는 부모에 의해 형성되므로 부모와의 일관성 있고 예측 가능하고 애정적인 관계는 영아로 하여금 자신의 욕구가 만족될 것이며 그리고 이후에 어떤 일이 일어날지 기대를 가지도록 돕는다. 그러면서 영아는 자기조절하는 방법을 배우게 된다. 즉, 정서를 조절하고 자신을 진정시키며 세상에 대해 배우고 모든 감각정보를 다루는 방법을 배우게 된다.

예를 들면, 부모가 영아의 배고픔, 피곤함, 화남, 또는 안기려고 하는 신호에 반응하면 영아는 자신의 욕구가 만족되고 자신을 중요하게 생각하는 누군가가 있다는 것을 알게 된다. 매일 반복되는 일상은 영아가 다음에 어떤 일이 일어날지 알게 한다. 만약 이러한 경험이 없다면 영아는 세상이 혼란스럽고 당황스러운 곳이라고 느끼게 될 것이며 자신의 행동과 고통을 조절하기 더 힘들어할 것이다.

또한 부모는 영아에게 감정조절하는 방법을 가르친다. 영아가 흥분할 때 부모는 영아를 안거나 흔들거나 또는 노래를 불러주는데, 이렇게 달래는 것을 상호-조절이라 한다. 부모가 상호-조절한다는 것은 달래는 방법 또는 진정시키는 방법을 영아에게 가르치고 있다는 뜻이다. 부모가 비 일관적이거나 거칠고 스트레스가 많아 영아를 달래주지 못하거나 영아와의 유대관계가 형성되어 있지 않다면 영아는 스스로를 진정시키는 경험을 할 기회를 갖지 못하게 된다. 또한 영아는 세상에서 자기 혼자이며 중요하지 않은 존재로 느끼게 되어 자신의 감정조절 법을 배우는 데 필요한 기본적인 기반도 갖지 못하게 된다.

부모는 영아가 자신의 감각에 대해 배울 수 있도록 돕는다. 부모가 영아를 돌보거나 함께 놀 때 영아는 많은 환경과 소리를 접하게 된다. 부모가 영아를 흔들어주거나 바깥으로 데리고 나갈 때 움직임을 배우게 되며 기저귀를 갈거나 목욕을 하는 동안 접촉을 배우게 되며 영아에게 노래를 불러주고 말하는 것은 소리와 언어에 대해 가르치는 것이다. 이러한 초기 경험은 영아가 감각을 통해 들어오는 정보를 조직하고 처리하는 방법을 배우게 되는 출발

점이다.

어떤 영아는 다른 영아보다 출생 시부터 좀 더 까다롭고 예민한 경우도 있다. 이유 없이 잘 울고 칭얼대는 아기의 부모는 자신이 아무런 도움을 줄 수 없다고 말하는데, 다행히 이러한 칭얼거리는 행동은 6개월쯤에는 서서히 사라진다. 또 다른 유형은 우리가 일반적으로 말하는 까다로운 기질의 영아이다. 이들은 조그만 것에도 쉽게 흥분하여 그들을 진정시키는 데 좀 더 많은 도움이 필요하다. 이와 같은 칭얼거림과 까다로운 기질은 모두 전형적인 발달의 한 부분이다.

조절장애를 가진 유아는 다양한 경험(예 먹고 자는 것, 주의집중 시간, 감정, 감각경험)을 조직하고 조절하는 데에 어려움이 있다. 조절장애는 비교적 새로운 진단 범주인데, 이 분야에 대한 좀 더 많은 연구들이 필요하다.

조절장애 증상		
과민형	둔감형	감각자극 추구/충동형
• 일반적인 감각자극에 지나치게 민감 • 자극 회피 • 흥분될 때 크게 소리 내어 울거나 발작을 보임 • 진정되는 것이 어려움 • 짜증을 잘 내고 공격적임 • 위축	• 무반응 • 참여하기 어려움 • 느린 움직임 • 반복적인 놀이 선호 • 신체인식 결여 • 강한 자극 선호(예 점프하기 또는 꽉 껴안기)	• 매우 활동적임 • 신체적인 위험 감수 • 충동적임 • 항상 신체적인 접촉 추구 • 주의집중 결여 • 쉽게 흥분함 • 공격적임

위와 같은 증상은 어떤 유아에게도 짧은 시간 동안 발생할 수 있다. 따라서 다음과 같은 증상을 보일 때 조절장애를 의심할 수 있다.

- 발달적 · 문화적으로 기대되는 것과 심각한 편차가 있다.
- 증상이 자주 그리고 오랜 시간 동안 나타난다.
- 증상이 한 가지 환경 이상에서 나타난다.
- 증상이 심각한 고통과 (또는) 기능상의 손상을 야기한다.

조절장애와 유사한 다른 어려움은 다음과 같다.

- 최초 애착 관계에서의 문제
- 언어발달지체 또는 학습장애 등에 수반되는 공격성, 주의집중 결여, 위축
- 자폐장애와 같은 전반적발달장애
- 주의력결핍/과잉행동장애
- 적대적반항장애
- 외상후스트레스장애를 포함하는 우울 또는 불안장애
- 양극성장애

2. 조절장애

최근에 학급에 들어온 세 살 난 민규는 대부분의 시간 동안 겁을 먹거나 예민해 보인다. 민규는 어떠한 활동에도 참여하기를 거부하고 주로 자유선택 시간 동안 자신이 좋아하는 장난감을 가지고 책상 밑을 기어다닌다. 또한 손 씻는 것을 싫어하고 부드럽거나 끈적끈적한 음식들은 어떠한 것이라도 만지거나 먹으려고 하지 않는다. 다른 또래들이 우연히 스치고 지나가면 민규는 스친 부분을 닦아내고는 흥분해서 소리 내어 울어버린다. 민규는 다른 아이들이 하는 것처럼 새로운 장난감이나 교실을 탐색하지 않는다. 그는 지나치게 소란을 떨지만 무엇이 그를 그렇게 촉발시키는지 알기 힘들다. 종종 민규의 우울은 발작으로 이어진다. 만약 교사가 장난감이나 활동으로 그에게 접촉을 시도하거나 주의를 돌리려고 하면 더욱 흥분하는 것 같다. 민규는 다른 사람들과 떨어진 조용한 곳으로 가게 될 때 가장 진정이 잘 된다. 낮잠시간은 그에게 매우 힘든 시간이다. 그는 종종 깨어나서 누운 채로 오랜 시간 동안 몸을 흔들어댄다.

전형적인 증상

DSM-IV-TR에서는 조절장애가 유아에게 해당되는 형식적인 진단에 포함시키지 않고 있다. 그러나 DC: 0-3R은 조절장애의 세 가지 유형에 대한 준거를 제시하고 있다.

- 과민형
- 둔감형
- 감각자극 추구/충동형

DC: 0-3R 준거는 조절장애의 진단에서 감각처리 과정의 역할을 강조하고 있다. 감각처리 과정은 오감각(시각, 청각, 촉각, 후각, 미각)의 한 가지 또는 그 이상으로부터 오는 정보를 지각하는 것이다. 조절장애로 진단하기 위해서 유아는 두 가지 문제, 즉 감각처리 과정의 문제와 집중시간 또는 정서와 같은 다른 영역에서의 조절문제가 반드시 있어야 한다. 정신건강 전문가들은 이따금 감각처리과정장애, 감각통합기능장애라는 용어를 사용하기도 한다. 이러한 용어는 감각처리 과정문제에 국한되어 사용된다. 반면 비교적 드물긴 하지만 다른 영역에서 조절장애가 없는 감각처리과정장애도 있을 수 있다(DeGangi, 2000).

3. 과민형 조절장애

과민형 조절장애 유아는 대부분의 유아들보다 유입되는 감각자극에 더 예민하다. 그들은 일상적 경험도 매우 과민하게 받아들인다.

1) 전형적인 증상

DC: 0-3R에 의하면 과민형 조절장애는 두 가지 종류가 있다. 두려워하거나 경계하는 반응을 보이는 유형(A타입, 또는 두려움 · 경계)과 부정적 또는 반항적인 행동반응을 보이는 유형(B타입, 또는 부정적 · 반항적)이다. 두려움/경계 유형은 아래와 같은 증상을 보인다(DC: 0-3R에서 인용).

- 감각자극에 대해 지나치게 과민하다. 감각자극에 노출되었을 때 쉽게 깜짝 놀라고 두려워하며 많이 울고 심지어는 발작을 보이기도 한다. 경직되거나 회피하려 하고 쉽게 산만해지며 심지어는 공격적으로 되기도 한다.
- 신체적 과민성으로 환경을 탐색하는 경험이 결핍된다. 즉, 구슬 꿰기, 블록 쌓기와 같은 섬세한 운동기술을 요하는 작업은 매우 힘들어한다. 바른 자세를 취하기 어려우며 기운 없어 보이고 서툰 경향이 있으며 물건을 잘 떨어뜨리고 사람이 있는데도 인식하지 못하고 잘 부딪친다. 이들은 불이 반짝거리거나 특이한 질감의 놀잇감은 과도한 자극을 주기 때문에 갖고 노는 것을 회피한다.
- 그 외 탐색 시 흥미나 자기주장 결여, 일상의 변화에 대한 스트레스, 새로운 상황에 대한 두려움, 비정상적으로 많은 두려움 또는 걱정, 부끄러움, 충동, 주의산만, 성급함, 자기진정 능력의 결여 및 좌절 또는 실망에서 쉽게 벗어나지 못하는 문제 행동이 있다.

부정적/반항적 유형도 같은 증상을 보인다. 그러나 더 성급하고 소란스럽고 화를 잘 내며 더 반항적이다. 또한 더 자주 발작을 보이는 경향도 있다.

2) 원인

과민형 조절장애의 원인에 대한 연구는 매우 드물다. 어떤 연구는 유전에 의한 것이라고 하는 반면 다른 연구는 임신과 분만 시에 산모가 약물을 복용하거나 독소에 노출되는 문제와 연결시키고 있다. 임신과 분만 과정에서의 합병증과 조산 역시 유아의 조절능력에 영향을 줄 수 있다. 오랜 병원생활은 자기조절에 부정적인 영향을 미칠 수 있다(Kranowitz, 1998). 방임, 거친 상호작용, 그리고 학대도 유아가 적절한 자기조절 기술을 발달시키지 못하는 원인이 된다.

3) 치료와 중재

과민형 조절장애 유아는 전문가팀과 부모로부터의 도움이 필요하다. 작업치료사와 물리치료사는 조절장애 유아를 위해 일반적으로 '감각요법(sensory diet)' 이라고 불리는 계획을 세운다. 이 '감각요법' 은 유아 개인의 욕구에 맞춰 계획된다. 평소 유아에게 문제가 있는 감각경험에 적절하게 반응할 수 있도록 재미있는 활동으로 연습할 수 있게 한다. 예를 들면, 탐색할 수 있는 다양한 촉각자극을 주고 솔로 유아의 발바닥을 쓰다듬기도 하며 시끄러운 소리와 작은 소리를 번갈아 들려주는 게임을 하기도 한다. 이러한 게임과 활동은 유아가 감각자극을 수용하고 반응하는 법을 배우며 기본적인 자조활동을 편안하게 완성하는 데 도움이 된다.

항상 그렇듯이 부모와 교사는 유아를 돕는 데 함께 참여할 필요가 있다. 치료사는 가족에게 유아가 어떤 경험을 하고 있는지 이해할 수 있도록 도움을 주어야 한다. 부모에게 집에서 할 수 있는 방법을 가르쳐 주고 교사에게도 교실에서 활용할 수 있는 방법을 가르쳐 줄 수 있다. 또한 유아의 욕구에 따라 자극을 증가시키거나 감소시킴으로써 환경 바꾸기 방법을 제안하기도 한다. 치료사는 부모와 교사가 유아의 정서와 주의 조절을 촉진하는 더 많은 경험을 할 수 있도록 도와야 한다. 뿐만 아니라 치료사는 감각상의 어려움을 가진 유아를 위한 부모와 교사의 행동수정과 훈육기술이 최선의 효과를 가져 올 수 있도록 도울 수 있다. 공격성, 감정폭발, 그리고 부주의와 같은 심각한 행동상의 문제를 다룰 때는 약물이 처방되기도 한다.

4) 유아교육기관에서 사용할 수 있는 전략

부모와 지속적으로 의사소통 하기 유아와 관련된 성인들이 한팀을 이루어 협력할 때 유아는 가장 많이 향상된다. 과민형 유아는 일관성이 필요하므로 교사는 부모와 정기적으로 의사소통 할 필요가 있다. 부모와 교사가 의사소통을 시작하고 유지하는 방법에 대한 제안은 4장에 제시되어 있다.

유아를 자극시키는 것이 무엇인지 관찰하고 확인하기 과민성 유아는 모두 독특하다. 어떤 유아는 시각에 대해서 좀 더 민감하고 다른 유아는 소리에 대해서 좀 더 민감하다. 또 어떤 유아는 한 가지 감각경험보다는 더 많은 감각경험에 민감하기도 하다. 유아를 고통스럽게 하는 감각자극이 어떤 것인지 알기 위해 그 유아를 관찰해야 한다. 관찰할 때 문제가 발생하면 그 때마다 기록하도록 한다. 유아는 하루 중에 소음이나 혹은 불빛이 번쩍일 때마다 고통스러워하는가? 그렇지 않으면 어떤 날은 기분이 좋지만 어떤 날은 좀 더 예민한가? 때때로 과도한 감각자극은 누적될 수 있다. 이런 유아는 하루를 기분 좋게 시작하여 어떤 감각자극은 참을 수 있으나 오후쯤에는 인내할 수 있는 감각자극의 한계에 도달하게 되어 아주 작은 자극에도 강하게 반응하게 된다. 관찰에서 얻은 정보는 유아의 개별적 욕구를 만족시킬 수 있는 가장 좋은 계획을 수립하는 데 도움이 된다.

강렬한 고통을 유발시키는 자극 최소화하기 만약 유아가 소리가 많이 나는 대집단 활동을 고통스러워한다면 대안으로 같은 시간대에 소집단 활동 또는 일대일 활동을 제안해야 한다. 만약 다른 유아가 자신의 놀잇감을 가지고 갈 때마다 발작을 한다면 좋아하는 그 놀잇감을 하나 이상 준비해야 한다. 만약 가볍게 접촉할 때 혹은 부딪칠 듯이 스치고 지나갈 때 유아가 공격적으로 된다면 그 유아를 꼬옥 안아주고 강하게 토닥거려줘야 한다. 그러나 유아에게 발달적으로 적절한 요구를 주저해서는 안 되며 유아의 개별적 욕구에 맞추어 하루 일과에 잘 참여할 수 있도록 도와야 한다. 예를 들면, 집단시간에 유아가 조용히 참여하도록 도와주고 싶다면 콩주머니 의자에 앉도록 할 수 있다. 또는 시끄럽고 번잡스러운 곳을 다 함께 지나갈 때에는 그 유아의 손을 잡고 같이 가는 것도 필요하다.

예측할 수 있는 하루 일과 만들기 만약 과민형 유아가 감각자극의 영향을 누적적으로 받는 것으로 보인다면 하루 일과에 넣을 필요가 있다.

환경을 조정하고 평가하기 매우 예민한 유아는 환경적인 자극을 제한할 필요가 있다. 놀잇감을 보관하고 담을 수 있는 정리함을 마련하는 것이 좋다. 사용하지 않는 상자는 뚜껑을 닫고 서랍은 닫아두며 어지럽고 과도한 벽 장식은 정리할 필요가 있다. 대집단 활동시간에는 시끄러운 음악은 피하는 것이 좋다.

유아가 당황했을 때 갈 수 있는 조용한 장소 마련하기 이러한 영역은 자극이 거의 없어야 한다. 독립적인 공간을 만들어서 부드러운 베개와 껴안을 수 있는 놀잇감을 몇 개 갖다 놓는 것은 좋은 방법이다. 유아가 흥분했을 때는 그 장소에서 쉴 수 있다고 알려준다.

다음 활동 미리 알리기 과도하게 민감한 유아는 하루 일과 중의 전이나 변화에 저항한다. 유아가 앞으로 어떤 일이 일어날지 안다면 보다 쉽게 수용할 수 있으므로 무엇을 하게 될 것인지 그리고 그것이 어떻게 다른지 이야기해 줘야 한다.

건강한 감각요법 증진하기 좋은 감각활동의 예는 핑거페인팅, 여러 가지 과일 시식하기, 모래 통속에 숨겨진 놀잇감 찾기 등이 있다. 이러한 활동은 통제된 방법으로 감각경험을 제공하는 것이 필요하다. 흥미를 유지할 수 있도록 활동을 다양화하고 유아가 스스로 선택하여 참여하도록 격려하는 것이 좋다: 오늘 아침에는 모래상자를 하고 싶니? 아니면 핑거페인팅을 하고 싶니?"

하루 일과를 통해 즐거운 감각경험을 제공하도록 한다. 예를 들면, 의자에 앉혀서 흔들어 주기, 그네 태워주기, 쉬는 시간에 등을 톡톡 치거나 쓰다듬어 주기, 또는 어린 유아는 포대기에 싸주기 등이 있다.

유아가 자기 진정기술을 발달시키도록 돕기 부드러운 놀잇감을 꼬옥 끌어안는 방법을 보여준다. 장소를 이동할 때 유아에게 전이를 알리는 물건을 주는 것이 좋다. 예를 들면, 반 전체가 교실 밖으로 나가고 들어올 때 교사가 사용하는 신호 벨을 유아의 손에 쥐어주고 이동하도록 한다. 자신의 가슴에 손 얹기, 음악 듣기, 책 보기 등 스스로를 진정시키는 방법을 유아에게 알려주도록 한다.

4: 둔감형 조절장애

둔감형 조절장애 유아는 대부분의 유아들보다 감각정보에 덜 예민하며 둔감한 반응을 보인다.

1) 전형적인 증상

전형적으로 둔감형 조절장애 유아는 다음과 같은 증상을 보인다(DC: 0-3R에서 인용).

- 감각자극에 둔감하다. 시각, 소리, 접촉, 냄새, 맛, 그리고 움직임에 대해 같은 연령의 다른 유아만큼 알아채지 못한다. 고유감각(몸의 위치에 대한 인식능력)에 어려움이 있다. 이들은 또한 다른 사람이 인사를 하거나 같이 놀려고 다가 올 때도 알아채지 못한다.
- 움직임이 느리고 쉽게 피곤해 하는 경향이 있다. 환경을 새롭게 탐색하기보다 같은 것을 가지고 반복해서 노는 것을 더 선호한다. 주변의 물건이나 자신의 몸이 어디에 위치하고 있는지 알아차리지 못하기 때문에 서투르고 어색해 보인다. 때때로 공간 속에서의 자기 존재를 느끼기 위

하여 특별한 감각자극을 지속적으로 추구할 것이다(예 반복적으로 점프하기 또는 흔들기).

- 탐색, 게임, 다른 사람과의 상호작용에 관심과 주의집중이 결여되어 있다. 이러한 경험은 둔감형 유아에게 충분한 자극이 되지 못하는 것 같다. 둔감형 유아를 참여시키기 위해서는 다른 유아들보다 훨씬 많은 자극을 제공해야 한다.

2) 원인

과민형 조절장애 유아처럼 둔감형 조절장애의 원인에 대한 연구도 매우 드물다. 몇 가지 증거가 제시하는 것은 이러한 장애는 유전적이라는 것이다. 또 다른 연구는 이러한 장애를 임신과 분만 시의 문제와 연결 짓고 있다. 예를 들면, 어머니가 약물복용 또는 독소에 노출된 경우이다. 임신 또는 분만 시의 합병증, 조기출산으로 인한 합병증 역시 유아의 조절능력에 영향을 줄 수 있다. 장기간의 병원생활, 시설에 수용되어지는 것도 자기조절에 부정적인 영향을 미칠 수 있다(Kranowitz, 1998). 유기, 거친 상호작용 및 학대 등도 유아의 자기조절 기술의 발달을 저해한다.

3) 치료와 중재

둔감형 조절장애 유아는 전문가팀과 부모로부터의 도움이 필요하다. 작업치료사와 물리치료사는 조절장애 유아를 위해 일반적으로 '감각요법(sensory diet)' 이라고 불리는 계획을 세운다. 이 '감각요법' 은 유아 개인의 욕구에 맞춰 계획된다. 평소 유아에게 문제가 있는 감각경험에 적절하게 반응할 수 있도록 재미있는 활동을 통해 연습하게 한다. 예를 들면, 탐색할 수 있는 다양한 질감으로 이루어진 사물을 주기도 하고 유아의 피부를 쓰다듬는데 빗을 사용하기도 하며 큰소리를 내거나 속삭이는 게임을 하기도 한다.

이러한 게임과 활동은 유아가 감각자극을 수용하고 반응하는 법을 배우며 기본적인 자조활동을 편안하게 완성하는 데 도움이 된다.

항상 그렇듯이 부모와 교사는 유아를 돕는 데 함께 참여할 필요가 있다. 치료사는 가족에게 유아가 어떤 경험을 하고 있는지 이해할 수 있도록 도움을 주어야 한다. 부모에게 집에서 할 수 있는 방법을 가르쳐 주고 교사에게도 교실에서 활용할 수 있는 방법을 가르쳐 줄 수 있다. 또한 유아의 욕구에 따라 자극을 증가시키거나 감소시킴으로써 환경 바꾸기 방법을 제안하기도 한다. 치료사는 부모와 교사가 유아의 정서와 주의 조절을 촉진하는 더 많은 경험을 할 수 있도록 도와야 한다. 뿐만 아니라 치료사는 감각상의 어려움을 가진 유아를 위한 부모와 교사의 행동수정과 훈육기술이 최선의 효과를 가져 올 수 있도록 도울 수 있다. 공격성, 감정폭발, 그리고 부주의와 같은 심각한 행동상의 문제를 다룰 때는 약물이 처방되기도 한다.

4) 유아교육기관에서 사용할 수 있는 전략

부모와 지속적으로 의사소통 하기 유아와 관련된 성인들이 한팀을 이루어 협력할 때 유아는 가장 많이 향상된다. 둔감형 유아는 일관성이 필요하므로 교사는 부모와 정기적으로 의사소통 할 필요가 있다. 부모와 교사가 의사소통을 시작하고 유지하는 방법에 대한 제안은 4장에 제시되어 있다.

다른 사람과 상호작용하도록 격려하기 강한 감각자극 활동을 제공하여 유아의 참여 동기를 부여할 필요가 있다. 달리기, 점프하기, 무거운 사물을 밀고 당기기, 장애물 코스 완성하기와 같은 대근육 활동이 그 예가 될 수 있다.

반응할 시간이 더 필요함을 기억하기 인내가 요구된다. 둔감형 유아가 보이는 지각하기 어려운 미묘한 비언어적인 반응을 찾아야 한다.

놀이가 느리고 제한적일지라도 유아의 방식대로 상호작용 촉진하기 놀이에 대해서 그리고 어떤 일이 일어나는지에 대해 크게 말하도록 한다. 놀이하는 동안 교사가 사회적 반응과 감정에 대한 모델이 되는 것이 좋다. 예를 들면, "이번에는 주사위를 내가 던져도 될까?" 또는 "너와 함께 탑을 쌓는 것이 너무 재미있구나"라고 말할 수 있다.

계속 흥미를 가지고 참여하도록 필요한 자극 조정하기 둔감형 유아는 일단 활동에 참여하게 되면 쉽게 흥분할 수 있다. 유아가 반응을 보이기 시작하면 필요로 했던 자극을 점차 줄이거나 활동진행 속도를 늦추어야 한다.

5. 감각자극 추구/충동형 조절장애

감각자극 추구/충동형 조절장애 유아는 감각경험을 지나치게 추구한다. 이들은 많은 감각적 자극을 원하는 감각 추구자이다. 때때로 놀잇감 선반의 맨 꼭대기에 올라가거나 그네를 타다가 뛰어내리는 것처럼 위험한 행동을 한다. 과도하게 활동적이고 모험을 즐기기 때문에 많은 사고를 일으킨다.

1) 전형적인 증상(DC: 0-3R에서 인용)

- 과잉행동을 보이며 항상 바쁘게 끊임없이 활동한다. 충동적일 수 있고 서툴러 보이지 않으면서도 많은 사고를 낸다.
- 신체접촉을 많이 추구한다. 다른 유아를 자주 만지고, 꽉 껴안고, 맞붙어 싸우는 것을 좋아한다. 쉬는 시간에 자신의 등을 세게 문질러주거나 쳐주는 것을 좋아하고 흔들의자를 빠르게 흔들어주기를 원한다.
- 어떤 자극이 있는 활동에 바로 몰입하지 않으면 목적없이 산만해 보인다.
- 그 외의 문제 행동도 보인다. 예를 들면, 쉽게 흥분하고 조절이 안 되며 신체적으로 공격적이고 다른 유아의 대화와 놀이에 쓸데없이 참견하기도 한다.

2) 원인

둔감형 조절장애 유아처럼 감각자극 추구/충동형 조절장애 유아의 원인에 대한 연구도 매우 드물다. 몇 가지 증거가 제시하는 것은 이러한 장애는 유전적이라는 것이다. 또 다른 연구는 이러한 장애를 임신과 분만 시의 문제와 연결 짓고 있다. 예를 들면, 어머니의 약물복용 또는 독소에 노출된 경우이다. 임신 또는 분만 및 조기출산으로 인한 합병증 또한 유아의 조절능력에 영향을 줄 수 있다. 장기간의 병원생활, 시설에 수용되어지는 것도 자기조절에 부정적인 영향을 미칠 수 있다(Kranowitz, 1998). 유기, 거친 상호작용 및 학대 등도 유아의 자기조절 기술의 발달을 저해한다.

3) 치료와 중재

감각자극 추구/충동형 조절장애 유아는 전문가팀과 부모로부터의 도움이 필요하다. 작업치료사와 물리치료사는 이 조절장애 유아를 위해 일반적으로 '감각요법'이라고 불리는 계획을 세운다. 이 '감각요법'은 유아 개인의 욕구에 맞춰 계획된다. 평소 유아에게 문제가 되는 감각경험에 적절하게 반응할 수 있도록 재미있는 활동으로 연습할 수 있게 한다. 예를 들면, 탐색할 수 있는 다양한 질감으로 이루어진 사물을 주기도 하고 칫솔로 손등을 문질러 주며 큰북과 작은북을 이용하는 게임을 하기도 한다. 이러한 게임과 활동은 유아가 감각자극을 수용하고 반응하는 법을 배우며 기본적인 자조활동을 편안하게 완성하는 데 도움이 된다.

항상 그렇듯이 부모와 교사는 유아를 돕는 데 함께 참여할 필요가 있다. 치료사는 가족에게 유아가 어떤 경험을 하고 있는지 이해할 수 있도록 도움을 주어야 한다. 부모에게 집에서 할 수 있는 방법을 가르쳐 주고 교사에게도 교실에서 활용할 수 있는 방법을 가르쳐 줄 수 있다. 또한 유아의 욕구에 따라 자극을 증가시키거나 감소시킴으로써 환경 바꾸기 방법을 제안하기도 한다. 치료사는 부모와 교사가 유아의 정서와 주의조절을 촉진하는 더 많은 경험을 할 수 있도록 도와야 한다. 뿐만 아니라 치료사는 감각상의 어려움을 가진 유아를 위한 부모와 교사의 행동수정과 훈육기술이 최선의 효과를 가져 올 수 있도록 도울 수 있다. 공격성, 감정폭발, 그리고 부주의와 같은 심각한 행동상의 문제를 다룰 때는 약물이 처방되기도 한다.

4) 유아교육기관에서 사용할 수 있는 전략

부모와 지속적으로 의사소통 하기 유아와 관련된 성인들이 한팀을 이루어 협력할 때 유아는 가장 많이 향상된다. 감각 추구자인 유아는 일관성이 필요하므로 교사는 부모와 정기적으로 의사소통 할 필요가 있다. 부모와 교사가 의사소통을 시작하고 유지하는 방법에 대한 제안은 4장에 제시되어 있다.

자극을 주는 발달적으로 적합한 활동 제공하기 대근육과 소근육 활동의 균형을 유지하는 것이 필요하다. 예를 들면, 핑거페인팅, 물놀이, 행진하기, 밀고 당기기, 무거운 물건 옮기기, 높이뛰기와 달리기 및 장애물 경기 등이 있다.

강한 접촉 사용하기 감각 추구자인 유아는 강한 접촉에 반응을 잘 보인다. 낮잠 자는 시간에 등을 지그시 누르면서 쓰다듬으면 쉽게 잠을 잘 수 있다. 또한 팔에 로션을 문질러주거나 등을 강하게 치는 것도 도움이 될 수 있다.

조용히 앉아서 주의집중해야 하는 활동에서는 약간의 감각자극 허락하기 집단활동 시간에 콩주머니 의자에 앉도록 하거나 공을 쥐고 비틀 수 있게 허용한다면 주의집중을 더 잘 할 수 있다.

인내하기 유아가 교사를 귀찮게 하거나 교실을 어지럽히는 것은 고의가 아니다. 자신을 조절하는 기술이 제한되어 있기 때문이며 또한 자신을 당황하게 만드는 환경에 반응하는 상호작용이다.

좀 더 세심하게 관찰하고 감독하기 이러한 유아는 종종 모험과 위기를 즐기기 때문에 다른 유아보다 좀 더 세심한 관찰이 필요하다. 이들이 다칠 수 있는 위험에 처해 있을 때 좀 더 안전하고 적절한 활동을 할 수 있도록 침착하게 재지시해 주어야 한다. 예를 들면, 울타리 대신 정글짐을 오르도록 안내하고 마루를 가로질러 책꽂이를 밀고 가려고 하면 끌고 갈 수 있는 줄 달린 나무상자를 대안으로 제공해 주어야 한다.

자기 진정기술을 발달시킬 수 있는 기회 제공하기 그네를 타거나 흔들거리는 것과 같이 리듬이 있고 규칙성이 있는 활동을 시도하는 것이 좋다. 재미있는 방식으로 자기조절을 연습할 수 있도록 대집단 활동을 계획하는 것이 필요하다. '얼음 땡'과 '빨간불, 초록불' 등과 같은 게임을 소개하고 대근육 기술과 소근육 기술을 사용하여 앞뒤로 움직이는 활동도 포함시키는 것이 좋다. 예를 들면, 장애물 코스를 만들어 놓고 빠르게 달려가서 구멍에 말뚝을 박은 후 다시 빠르게 달려가 줄에 구슬을 끼우는 것이다. 박자를 변화시키면서 공을 빠르게 굴리거나 느리게 굴리는 것과 같은 게임도 할 수 있다. 큰소리나 부드럽게 노래 부르는 연습을 할 수도 있다. 어린 유아에게는 '잡기놀이'와 '간지럼 태우기'와 같은 게임들이 도움이 될 것이다.

7장

불안장애

불안장애는 심각한 불안, 두려움, 공포, 긴장 또는 걱정 등을 포함한다. 걸음마기의 영아나 유아가 보이는 약간의 불안은 정상적이다. 예를 들면, 분리불안은 주 양육자로부터 분리되는 과정이나 분리되어서 느끼는 공포 또는 걱정이다. 낯가림은 주변의 낯선 사람들에게 보이는 공포 또는 걱정이다. 분리불안과 낯가림은 일반적으로 7개월에서 12개월 사이에 나타나는데, 이러한 불안은 2년 6개월경에 점차 사라진다. 일부 유아들은 기질적으로 소심하거나 위축되어 집단에 참여할 때 불안함을 보인다. 그러므로 이러한 유아가 새로운 활동을 시도하거나 집단활동에 참여하기 위해서는 격려와 지지가 필요하다. 놀이에서 주저하는 유아의 행동은 문화적인 영향일 수 있다. 어떤 문화에서는 여아들이 조용하고 순종적이기를 기대하고 어떤 문화에서는 서로 의존하고 밀착된 가족관계에 가치를 두며 또 다른 문화에서는 유아가 독립적이고 스스로 역량을 갖추기를 기대한다. 불안의 징후를 보이는 유아를 관찰할 때 이러한 문화적 요인들을 고려해야 한다.

이 장에서는 유아기에 흔하게 진단되는 세 가지 불안장애, 즉 외상후스트레스장애, 분리불안장애, 범불안장애에 대해 살펴볼 것이다. 여기에서 다루지 않은 다른 불안장애도 있으며 그 중 강박장애와 공포증은 아래에서 간단하게 설명하였다.

불안 증상		
외상후스트레스장애(PTSD)	분리불안장애(SAD)	범불안장애(GAD)
• 외상적 사건 • 악몽이나 수면 문제 • 외상에 관해 많은 이야기를 함 • 위축 • 쉽게 놀람 • 기능의 상실 • 공격적임	• 부모와의 분리에 저항 • 부모와의 분리 후 안정을 찾기 어려움 • 부모를 계속 따라다님 • 부모에게 매달림 • 악몽	• 항상 걱정을 함 • 잦은 재확인 • 가만히 앉아 있기 어려움: 쉽게 산만해짐 • 짜증 부림

불안장애와 유사한 다른 증상과 특성

- 초기 애착 관계문제
- 언어발달, 학습상의 장애와 같은 지체로 인한 2차적인 불안
- 주의력결핍과잉행동장애(ADHD)

강박장애(OCD)는 어린 유아에게는 흔하지 않은데, 이 장애를 가진 사람들은 강박적인 사고와 행동이 혼재되어 있다. 강박적인 사고는 제어하기 어렵고 종종 비이성적인 두려움이나 불안으로 비합리적인 사고를 하게 된다. 강박적인 사고에 대한 예를 들면, 세균 감염에 대한 두려움과 문을 잠궜는지 또는 스토브를 껐는지에 대하여 끊임없이 걱정하는 것이다. 강박적인 행동은 불안을 감소시키고자 반복하는 행동이다. 예를 들면, 세균 감염에 대한 강박적인 사고를 하는 사람은 하루에도 수십 번씩 손을 씻는다. 그리고 문을 잠그지 않고 떠난 것에 대해 강박적으로 사고하는 사람은 수차례 되돌아가서 반복 확인한다.

자폐아들에게서 볼 수 있는 반복적이고 경직된 행동은 때로 강박장애의 증상과 유사하다. 정신건강 전문가의 임상적 평가는 그러한 행동을 정확하게 파악하는 데 도움이 될 것이다.

공포감은 비현실적인 두려움이다. 예컨대, 개 또는 엘리베이터 등의 특정 사물에 대한 두려움 또는 사회적 상황에 대한 두려움(사회적 공포로 알려진)보다 일반적인 것일 수 있다. 유아의 경우 괴물, 어둠 또는 개 등을 일반적으로 두려워하므로 장애로 진단되기 위해서는 앞에서 제시된 바 있는 다음의 세 가지 기준이 뚜렷하게 나타나야 한다.

- 증상이 자주 나타나고 오랫동안 지속된다.
- 증상이 하나 이상의 환경에서 현저하게 나타난다.
- 증상이 심각한 고통이나 기능상의 손상 혹은 두 가지 모두를 야기한다.

1. 외상후스트레스장애

어느 날 아침 연주 이모는 세 살 된 연주를 어린이집에 데려다 주며 교사에게 지난밤에 연주의 부모가 싸웠다는 말을 전했다. 연주가 보는 앞에서 아빠가 경찰에게 잡혀갔고, 엄마는 상처를 꿰매기 위해 병원으로 갔다고 했다. 몇 주가 지난 후 교사는 연주에게서 중요한 변화를 발견하였다. 연주는 매일 아침 엄마와 떨어지는 것을 아주 힘들어하였고, 다른 또래들과 놀이하는 대신에 하루 종일 자신이 좋아하는 교사의 곁에만 머물렀다. 그리고 아빠가 엄마를 칼로 상처 냈다는 말을 교사에게 자주 하며 경찰서에 잡혀가면 어떤 일이 일어나는지를 물었다. 자유놀이 시간 내내 혼자 소꿉놀이 영역에서 놀았다. 어느 날 아침, 교사는 아빠인형이 칼을 들고 엄마인형을 찌르려고 한다는 연주의 이야기를 우연히 듣게 되었다. 연주는 무표정한 얼굴로 이러한 놀이를 반복하였다. 운동장에서 교사는 어린 아기를 때리는 연주를 보고 놀랐고 다가가서 여러 차례 중재하기도 하였다. 연주는 낮잠시간에 잠들기 힘들어했고 갑작스럽고 예상치 못한 소리를 들으면 경직된 채 소리 나는 쪽을 쳐다보았다. 연주는 신발을 신거나 화장실에

갈 때에는 애기처럼 흐느끼고 울면서 도움을 청했다.

다음날 엄마가 연주를 데리러 왔을 때, 교사는 연주가 집에서도 악몽을 꾸거나 잠들기 힘들어한다는 것을 알게 되었다. 엄마는 연주가 칼을 보거나 사람들이 싸우는 장면을 보게 되면 매우 화를 낸다는 것도 말해 주었다. 또한 엄마 역시 딸에 대해 매우 걱정하였고 자신도 남편이 언제 집에 다시 나타날지 모른다며 매우 두려움에 떨고 있었다.

1) 전형적인 증상

외상후스트레스장애로 진단되기 위해서는 삶을 위협하거나 위협할 것 같은 외상을 유아가 실제로 경험하거나 목격해야만 한다. 그러한 외상은 갑작스럽고 기대치 못한 것이거나, 만성적이거나 오랫동안 진행되어 온 것일 수 있다. 뚜렷한 외상적 사건은 자동차 사고, 자연재해 그리고 폭력적인 범죄 등과 같은 것을 포함한다. 가정폭력과 마찬가지로 신체 및 성적 학대 역시 어린 유아에게는 삶을 위협하는 것일 수 있다. 어떤 연구는 가정폭력을 목격한 유아가 폭행에 희생된 유아보다 더 뚜렷한 외상후스트레스장애의 증상을 보인다고 한다(Scheeringa & Zeanah, 1995).

매우 어린 유아에게는 상습적인 분리, 방임 그리고 극단적으로 결핍된 양육이나 애착 관계가 외상으로 경험될 수 있다. 이들은 적절한 양육의 결핍을 자신의 생존능력에 대한 위협으로 느끼며 이러한 외상 유형을 '관계적 외상' (Perry et al., 1995; Schore, 2001)이라 부른다. 최근 일부 연구들은 관계적 외상과 외상후스트레스의 발달에 관해 설명하고 있다. 이 범주에 속한 많은 어린 유아들은 애착에 어려움이 있거나 상실/학대 장애로 진단된다(Zero to Three, 2005).

외상후스트레스장애에 대한 DSM-IV-TR에서의 기준은 성인의 증상에 초점이 맞춰져 있어 어린 유아에게 적용하기가 어렵다. 그동안 정신건강 전문가들은 어린 유아는 외상을 이해하거나 기억하지 못하기 때문에 그 영향을 받지 않는다고 생각했다. 그러나 초기 외상, 뇌 발달 그리고 장기적 영향에 관한 최근의 연구들은 어린 유아가 특별한 사건에 대해 기억하지 못하거나 이야기하지 못할지라도 외상의 영향을 받는다는 것을 보여주고 있다(Zero to Three, 2005).

다음에서 설명하고 있는 기준은 DC: 0-3R에서 번안한 것이다. 외상후스트레스장애로 진단되기 위하여 외상적 사건에 노출된 후 적어도 한 달 동안 다음과 같은 세 가지 증상이 모두 나타나야 한다.

(1) 유아는 다음 중 적어도 하나의 방식으로 외상을 재경험한다.

- 유아는 놀이로 외상적 사건을 재연한다. "너는 나쁜 사람이야"라고 반복적으로 소리 지르거나 "너는 나쁜 사람이야"라고 소리치면서 아기 인형을 던지고 때리는 행동을 반복해서 재연한다. 유아의 이러한 놀이는 동일한 각본을 변함없이 계속 반복한다는 점에서 창의적인 극 놀이와는 차이가 있다. 외상적인 장면을 재연한 이후에도 일반적으로 불안은 줄어들지 않는다.
- 유아는 외상적 사건을 계속적으로 표현한다. 유아는 이야기 나누기 시간이나 점심시간 또는 실외놀이 시간에 사건의 부분들을 말하기도 하며 사건과 관련하여 질문을 많이 한다. 사건에 대해 생각하지 않을 때에도 반복적인 일상에 참여하기 어려워하지만 사건에 대해 이야기할 때는 흥분되어 보이지 않는다.
- 악몽을 자주 꾼다. 악몽은 사건의 양상이 재현되거나 전혀 관계가 없는 것일 수도 있다.
- 외상을 기억할 때 신체적인 스트레스를 갖게 된다. 심장이 두근거리거나 배탈 또는 신체적 경련 그리고 호흡곤란 등을 경험한다. 더 나이든 유아는 이러한 증상에 대해 말할 수 있고 성인은 유아의 그런 신체적 증

상을 알아차릴 수 있다.

• 유아는 환상 속에서 외상을 겪었던 장면으로 되돌아가거나 얼마간 '현실공간을 이탈' 한다. 과거 외상의 장면을 환상적으로 재인하게 될 때, 유아는 실제로 그때의 장면으로 되돌아간 것 같은 단순한 기억이 아닌 실제로 자신이 과거 외상을 경험했던 그 시점과 장소로 되돌아간 것처럼 느낀다. 그러한 유아는 소꿉놀이 영역에서 홀로 있을 때도 "날 그만 때려! 날 그만 때려!" 하며 소리치면서 뒹굴고, 이런 상황에서는 유아를 달래더라도 달래는 사람을 쳐다보거나 그의 말을 듣지 못한다. 또한 '현실공간을 이탈' 하는 동안 유아는 얼어붙은 듯이 경직되거나 무표정하게 허공을 응시하는 현상을 '분열' 이라고 한다. 분열을 일으키는 유아는 현실 세계를 인식하지 못하므로 교사의 목소리나 신체적 접촉에 바로 반응하지 못한다.

(2) 유아는 다음 중 적어도 하나의 방식으로 세상으로부터 격리되고 자신을 가두려고 한다.

• 타인과의 상호작용이 점차 줄어든다.
• 감정을 거의 나타내지 않는다.
• 반복되는 하루 일과에서 거의 흥미를 나타내지 않는다.
• 외상을 기억하게 하는 활동, 장소, 그리고 사람들을 회피한다.

(3) 다음 중 적어도 두 가지 방식으로 긴장과 각성을 보인다.

• 수면의 문제를 갖는다(잠자러 가기를 거부하거나 깊이 잠들거나 수면을 유지하는 데 어려움이 있다).
• 쉽게 산만해진다.
• 다른 사람들의 목소리나 움직임 등 환경에서의 작은 변화를 매우 잘 알아차린다. 이러한 것을 과잉각성이라고 한다.
• 쉽게 놀라고 자신을 뒤따라 걸어오는 사람이나 소음 등 주변에서 발생

하는 놀라운 일에 대해 강하게 반응한다.

- 짜증을 더 잘 내고 까다로워지고 크게 화를 내거나 기질폭발을 하기도 한다.

설명된 진단이 비록 DC: 0-3R에 포함되지 않았다 할지라도, 외상적 사건을 경험한 유아는 다음과 같은 특징을 보일 수도 있다.

- 일시적으로 이전에 획득했던 기술을 상실한다. 예를 들면, 이미 숙달된 과업임에도 불구하고 바지를 적시거나 엄지손가락을 빨거나 스스로 옷을 입지 못한다.
- 더욱 공격적이다. 놀이 친구를 가만두지 않고 치고 밀고 잡고 깨문다.
- 이전에는 두려워하지 않았던 것을 두려워한다. 유아는 혼자 남겨지는 것을 불안해 하고 부모로부터 분리되거나 유아교육기관에 가는 것에 어려움을 보인다.

2) 원인

만약 유아가 자신의 삶을 위협하는 사건을 경험하거나 다른 사람에게 발생한 사건을 목격하게 된다면 외상후스트레스장애로 진단될 수 있다. 그러나 외상후스트레스와 우울증의 가족력을 가진 유아일지라도 유아에 따라 외상을 경험한 후 외상후스트레스가 나타나기도 하고 그렇지 않기도 하는데 그 이유는 알 수 없다.

3) 치료와 중재

외상후스트레스장애 유아의 변화를 돕기 위한 방법은 다양한데 그들이 경험한 외상의 종류에 따라 다르다. 예를 들면, 허리케인을 경험한 유아를 돕는 방법은 지속적으로 성적 학대를 받고 있는 유아를 돕는 방법과는 다르다.

흔히 치료는 유아뿐 아니라 그의 가족을 포함하며 가족은 외상후스트레스가 무엇이고 유아에게 어떻게 나타나는지에 대한 정보가 필요하다. 그리고 외상후스트레스 행동과 버릇없는 행동을 구분할 줄 알아야 하며 또 동일한 외상을 경험한 부모는 자기 자신을 위한 중재도 필요하다. 이때 부모는 양육기술에 대한 자신감을 갖는 것이 필요하고 행동수정 방법을 배워 적용하는 것도 도움이 된다. 부모는 자녀를 진정시키는 것과 같이 가정에서 유아를 지원할 수 있는 방법을 배워야 한다.

다음은 외상후스트레스장애 유아의 치료와 중재를 위한 몇 가지 기본 지침이다(Scheeringa & Gaensbauer, 2000).

- 유아가 안전하고 편안하게 느끼도록 돕는다.
- 유아가 격한 감정을 조절하도록 돕는다.
- 유아가 일어났던 일을 명확하게 이해할 수 있도록 돕는다.
- 유아가 통제감을 회복하도록 돕는다.
- 외상 경험에 기인된 다른 정서적, 행동적 어려움을 알고 이해하도록 노력한다.

외상후스트레스로 인한 아주 심한 불안, 우울 그리고 다른 문제 행동을 조절하기 위해 약물을 사용할 수 있다.

4) 유아교육기관에서 사용할 수 있는 전략

부모와 지속적으로 의사소통 하기 부모와 교사가 한팀이 되어 협력할 때 유아는 가장 많이 향상된다. 외상후스트레스장애 유아에게는 일관성이 필요하므로 교사는 부모와 정기적으로 의사소통 할 필요가 있다. 부모와 교사가 의사소통을 시작하고 유지하는 방법에 대한 제안은 4장에 제시되어 있다.

유아가 편안하게 느끼도록 돕기 외상을 떠올리게 하는 것들을 유아에게 노출시키지 않도록 한다. 환경에서 유아를 자극할만한 것들을 파악하고 가능한 한 제거한다. 예를 들면, 자연재해를 경험한 유아가 뉴스에서 그 사건이 재현되는 것을 보지 않게 한다.

안정적이고 예측 가능한 환경 제공하기 예를 들면, 유아교육기관이 규칙적인 일과로 운영되는 것이 매우 도움이 될 수 있다.

긴장되거나 억압적이지 않은 분위기 제공하기 조사하듯 많은 질문을 하지 않는다. 어떤 일이 일어났었는지에 대한 유아의 질문에 대답하거나 이야기 정도는 해줄 수는 있다. 그들의 감정이나 일어났던 일에 대해 이야기하는 데 도움이 되는 단어를 제공한다.

마음을 진정시킬 수 있는 경험 제공하기 유아의 하루 일과에는 흔들기, 노래하기, 이야기하기, 그리고 재미있고 쉬운 놀이가 포함되어야 한다. 유아를 진정시켜 주기 위한 활동을 규칙적으로 제공하고 유아가 화내거나 스트레스를 받았을 때 그 활동을 유용하게 사용한다. 마음을 진정시키는 활동들을 교육과정의 일부로 제공하여 불안이 격해지기 전에 조절하는 방법을 배우게 한다. 특히, 낮잠시간 전후에 마음을 진정시키는 활동을 제공하는 것은 불안을 감소시키는 데 도움이 된다. 외상을 경험한 유아가 안정되도록 돕기 위해서는 교사와 별도의 시간이 필요할 수도 있다.

외상후스트레스 증상을 알아차리고 이해하기 부정적인 행동이 나타날 때, 긍정적인 방법으로 행동을 안내하여 도움을 준다. 외상 후에 퇴행된 것처럼 보이는 유아에게 인내심을 갖고 "그런데 정아야, 너는 신발 끈을 어떻게 매는지 이미 알고 있잖아!" 라고 말하는 대신에 "그것이 어렵지? 사람들은 때때로 도움이 필요할 때가 있단다. 마음이 안정되면 넌 그것을 다시 할 수 있을 거야" 라고 말한다.

2. 분리불안장애

두 살 된 성진이의 가족은 서로 밀착되어 있었다. 새로 태어난 남동생의 발달 지체로 엄마는 성진이와 보낼 수 있는 시간이 매우 적었다. 엄마는 동생을 여러 의사와 치료사에게 데려가기 위해 성진이를 할머니 집에 맡겼다. 성진이는 아침에 엄마와 헤어지는 것을 점점 더 힘들어하였다. 성진이는 비명을 지르고, 울고, 엄마 다리에 매달렸다. 엄마가 떠난 후에도 거의 20분 동안 울고 바닥에 드러누웠다. 교사가 안고 마음을 진정시켜 주려고 할 때 성진이는 엄마가 다시 나타나는지를 보기 위해 창문 밖으로 목을 빼고 쳐다보는 대신 저항하였다. 결국 성진이는 울음을 그치긴 하지만 교실에서의 활동에 흥미를 갖지 않았다. 하루 종일 성진이는 "엄마? 엄마?"라며 엄마를 찾았다. 성진은 낮잠시간에 잠드는 것을 힘들어하였고 때론 악몽을 꾸고 일어난 것처럼 울며 엄마를 찾았다.

1) 전형적인 증상

분리불안장애에 대한 DSM-IV-TR과 DC: 0-3R에서의 진단기준은 유사하다. 영아는 종종 가정이나 부모와 분리될 때 약간의 불안함을 보인다. 이러한 분리불안의 유형은 발달과정에서 일반적이지만 높은 불안 수준은 분리불안장애의 징후일 수 있다.

분리불안장애의 진단을 위해 임상가들에게 가기 전에 유아에게 현재 나타나고 있는 증상이 적어도 4주 동안 지속되고, 그 증상이 중요한 스트레스를 야기하거나, 가정 혹은 교육기관에서 지내는 데 어려움이 있다는 확신이 있어야 한다. 불안장애 진단을 내리기 위해서는 다음 중 적어도 세 가지 이상의 증상을 보여야 한다(DSM-Ⅳ-TR과 DC: 0-3R에서 번안).

- 집을 떠나거나 다른 사람에게 맡겨질 때 자주 완강하게 저항한다. 이러한 행동은 부모가 아침에 자동차 시트에 앉힐 때처럼 분리가 일어나기도 전에 발생할 수 있다. 이때 영아를 달래기는 어렵다. 부모가 떠날 때

영아는 교사를 때리고 공격하기도 한다. 만약 영아가 완강하게 저항하게 되면 바닥에 머리를 찧거나 팔을 깨무는 것과 같은 자해 행동을 할 수도 있으며 교사를 때리거나 깨물 수도 있다.

- 자신의 생활에서 부모가 사라질까봐 많은 걱정을 한다. 부모가 유아교육기관으로 자신을 데리러 오는 것을 잊어버리거나, 부모가 납치되어 다시는 볼 수 없게 될 것이라는 걱정을 한다.
- 유치원 혹은 학교에 가지 않기 위해 또는 부모 옆에 남아 있기 위해 저항한다. 밖으로 나갈 준비를 하는 것에 저항하여 울거나 숨거나 버둥거린다.
- 부모를 시야에 붙잡아 두기 위해 고군분투한다. 분리되지 않으려고 끊임없이 집 주변에서 부모를 따라다닌다. 집을 벗어나면 부모의 다리나 손에 매달리기도 한다.
- 부모가 방에 없으면 깊이 잠들지 못한다.
- 부모로부터 분리되는 악몽이나 무서운 꿈을 자주 꾼다.
- 부모가 떠날 때 구토를 하거나 매우 심한 딸꾹질을 하기도 한다. 머리나 배가 아프다고 하거나 구토를 할 것 같다고 말한다.

2) 원인

분리불안장애는 밀착된 가족한테서 흔히 나타나는데, 다음과 같은 중요한 생활상의 변화나 상실에 대한 반응일 수도 있다.

- **부모나 애완동물의 갑작스러운 상실** 부모가 입원하거나 교도소 또는 재활시설에 가거나 또는 오랫동안 다른 사람에게 유아를 맡길 때 분리로 인한 상실을 경험할 수 있다.
- **교육기관의 변화** 일부 유아는 좋아하는 교사와 떨어지거나 새로운 학급으로 가게 될 때도 강하게 분리불안을 나타낸다.
- **이사**

• **일상적인 생활의 변화** 예컨대, 부모가 복직하고 대리 양육자가 새로 오거나 또는 부모의 근무시간이 주간에서 야간으로 바뀌는 것 등이다.
• **새로운 형제의 출생**

3) 치료와 중재

아주 어린 유아인 경우에는 유아 개별 치료와 부모-자녀 치료를 병행하는 경우가 많다. 때때로 유아 개별 치료는 물론 가족상담이 이루어지기도 한다.

개별 영유아 치료와 중재는

• 부모로부터 분리될 때 점차 더 독립적이고 안정감을 갖도록 돕는다.
• 사회적 · 정서적 기술이 발달하도록 돕는다. 예를 들면, 감정을 인식하고 명명하기, 놀이를 통한 감정을 표현하기 그리고 스스로 마음 달래는 방법 등을 배운다.

치료사는 부모-자녀 치료와 중재를 통하여

• 부모가 자녀의 장애를 이해하고 지원할 수 있도록 일상생활과 환경을 변화시키도록 돕는다.
• 부모가 자녀의 정서와 행동을 조절하기 위한 새로운 방법을 배우도록 돕는다.
• 부모와 자녀 간의 상호작용을 직접 볼 수 있고, 특히 분리장면에서 어떤 일이 발생하는지 알 수 있다. 치료사와 부모는 이별의식과 가정에서의 중재 활동을 함께 고안할 수 있다.
• 부모와 자녀 간에 애착이 얼마나 잘 형성되었는지 관찰할 수 있다. 부모와 치료사는 함께 부모-자녀 간 애착 관계를 강화시킬 수 있는 방법을 계획할 수 있다.

이와 같은 치료는 일반적으로 중재의 첫 단계이다. 흔하지 않지만 불안이 매우 심각할 때는 의사의 약물처방이 필요할 수도 있다.

4) 유아교육기관에서 사용할 수 있는 전략

부모와 지속적으로 의사소통 하기 부모와 교사가 한팀이 되어 협력할 때 유아는 향상된다. 분리불안장애 유아는 일관성이 필요하므로 교사는 부모와 정기적으로 의사소통 할 필요가 있다. 부모와 교사가 의사소통을 시작하고 유지하는 방법에 대한 제안은 4장에 제시되어 있다.

유아가 안전하고 편안하게 느낄 수 있도록 반복되는 일과 제공하기 교사는 매일의 일과에서 유아가 이후에 어떤 일이 일어날 것인지를 예측하여 자신의 감정을 보다 잘 조절할 수 있도록 돕는다. 부모가 유아와 헤어질 때 일관된 이별의식을 갖도록 도와준다. 예를 들면, 부모가 유아를 안아주고, "안녕" 하고 인사를 하면 유아가 "안녕" 하고 손을 흔든다. 부모가 미소 지으며 "나중에 만나자" 라고 말하고 교실을 떠나는 것이다. 이러한 반복적인 일상은 유아에게 뿐만 아니라 부모에게도 도움이 된다. 어떤 유아에게는 누가 언제 자신을 데리러 올 것인지 일정표를 벽에 붙여 두는 것도 도움이 된다.

등원 시 분리과정에서 부모 지원하기 부모와 떨어지지 않으려고 소리치고 매달리는 유아를 떼어놓는 것은 매우 어렵다. 이때 교사는 부모와 유아에게 인사하며 다가가도록 한다. 유아는 교사에게 먼저 다가가기를 거부하므로 교사는 몸을 낮춰 눈을 맞추며 환영인사를 한다. 유아에게 함께 할 수 있는 재미있는 것들에 대해 말해준다. 유아가 조금 안정되면 부모가 이별의식을 하도록 격려한다. 힘든 장면을 피하기 위하여 때로 부모들은 유아가 보고 있지 않을 때 몰래 도망가기도 한다. 그러나 "안녕" 이라고 말하지 않고 헤어지는 것은 유아에게 다음의 이별을 더욱 불안하게 만들 수 있음을 부모에게 이해시킨다. 부모가 유아에게 이별인사를 하고 나중에 데리러 올 것이라는 사실을 확실하게 말하도록 한다.

소리치며 우는 유아를 분리시키고 안정시키기 부모와의 분리를 도와주는 단계는 다음과 같다.

- 먼저 유아가 어떻게 느끼고 있는지 교사가 안다는 것을 말해준다. "너는 엄마가 보고 싶어서 엄마를 따라가고 싶구나"라고 말한다. 유아의 감정을 반영해 주는 것은 자신을 조절할 수 있도록 돕는다.
- 유아의 감정에 공감한 후, 유아가 좋아하는 활동이나 새로운 흥밋거리를 갖도록 도와준다. "엄마가 널 데리러 올 때까지 우리 재미있는 것을 찾아보자. 저기 볼풀장에 가보자"와 같은 말을 할 수 있다. 만약 이런 제안이 효과적이지 못하다면 유아의 감정을 달래줄 수 있는 뒹굴기, 노래하기 또는 책 읽어주기와 같은 활동을 제안한다. 유아가 울고 떼쓸 때뿐만 아니라 하루 일과를 통해 마음을 달래주는 활동을 포함시킨다.

유아가 잘 따르는 사람 정해주기 가능하면 교사는 유아가 자연스럽게 끌리는 사람을 선택해 둔다. 이 사람은 교사-유아 간의 유대감 발달을 촉진할 수 있는데, 이러한 유대감은 분리불안장애를 가진 유아에게 매우 중요하다. 유아가 잘 따르는 교사는 다음과 같은 사람이다.

- 흔들의자에서 함께 책 읽기, 활동에 함께 참여하기, 낮잠시간에 자장가 불러주기 또는 그네 밀어주기 등과 같이 일대일 활동에서 헌신적으로 유아를 돌봐준다.
- 유아가 화가 나거나 속상할 때 마음을 달래준다.
- 먹여주기, 씻어주기, 기저귀 갈아주기, 옷 갈아입혀 주기 및 잠재워주기와 같은 신체적인 양육을 가능한 한 많이 제공한다.
- 유아의 행동에 대해 다시 지도하며 수정해준다.

자신의 감정을 인식하고 표현하고 조절하는 방법을 배우도록 돕기

- 유아가 가족을 얼마나 그리워하고 가족들도 유아를 얼마나 그리워하고 있을지 집단활동 시간을 이용하여 이야기하게 함으로써 다른 많은 유아들도 가족을 그리워하고 있음을 이해시킨다.
- 집에 가져 갈 노트에 편지를 쓰거나 그림 그리는 활동을 제안하여 부모로부터 떨어지기 위한 전략을 가르친다.
- 유아에게 부모가 눈에 보이지 않을지라도 존재하고 있음을 이해하도록 돕는다. 예를 들면, 유아가 교육기관에 있는 동안 부모가 무엇을 하고 있는지에 관하여 적어보거나 그림책을 보며 이야기한다.

가정과 유아교육기관 연계하기

- 유아가 하루 동안 갖고 다니거나 옆에 두고 볼 수 있는 가족 사진을 부모에게 받아놓는다. 가족 사진을 유아의 눈높이에 맞춰 교실 벽에 붙여둔다.
- 유아에게 익숙한 부모의 지갑, 스카프, 또는 여분의 열쇠를 가져오도록 부모에게 요구한다. 이러한 익숙한 물건을 지니게 되면 유아는 부모가 다시 돌아올 것이라는 기대로 안심하게 된다. 유아들은 부모가 자신들을 데리러 오는 것을 잊어버릴 것이라는 걱정을 하다가도 소지품 때문에 돌아올 것이라고 믿는다.

낮잠시간대에 유아에게 개별적인 관심을 보이고 지지하기

3. 범(汎)불안장애

네 살 된 유진이는 항상 조용하고 수줍음이 많은 아이다. 사소한 것들에 대해 늘 걱정하는 것처럼 보인다. 종종 자신이 하고 있는 것이 옳은지를 교실에서 다른 아이들보다 더 자주 재확인하고자 하며 자신이 하고 있는 일이 틀렸다고 생각될 때는 즉시 포기하거나 울거나 또는 좌절감으로 자신이 하던 것을 부순다.

유진이는 친구를 사귀는 데 어려움이 있다. 또래들의 말이 평가나 거절과 같은 말로 들릴 때는 매번 운다. 교사의 관심을 받고 교사와 함께하는 시간을 매우 원한다.

1) 전형적인 증상

범불안장애에 대한 진단은 어떤 특정한 사건이나 특정한 관계가 아닌 많은 것들에 대해 걱정한다는 점에서 DSM-Ⅳ-TR과 DC: 0-3R의 기준이 유사하다. 범불안장애로 진단된 유아는 심각한 좌절을 보이며 유아교육기관이나 가정에서 정상적으로 생활하는 데에 있어서 어려움을 보인다. 천식 약물이나 스테로이드 제재와 같은 일부 약물치료의 부작용으로 범불안장애와 유사한 증상이 유발되기도 한다. 따라서 유아의 불안한 행동을 이해하고 해결하기 위해 노력할 때 유아가 어떤 약물을 복용하고 있는지를 알아야 할 필요가 있다. 범불안장애는 다음과 같은 증상을 보인다(DC: 0-3R에서 번안).

- 대부분의 시간을 걱정과 불안으로 보낸다. 이러한 불안은 최소 6개월 동안 지속적으로 나타난다.
- 불안을 없애기 어렵다는 것을 알고 성인에게 반복적으로 승인을 구한다. 예를 들면, 자신의 그림, 블록 구성물 그리고 모래 구성물이 좋은지 어떤지에 대해 교사나 부모에게 지속적으로 확인을 요구한다.
- 적어도 두 가지 이상의 다른 활동, 다른 장소 그리고 다른 사람에 대해 불안과 걱정을 나타낸다.
- 다음 행동 중 하나 이상의 행동으로 불안을 나타낸다.

① 쉬는 시간에 앉아 있거나 누워 있는 것에 어려움을 보이거나 산만한 행동

② 매우 쉽게 피곤해하는 행동

③ 쉽게 혼란스러워하는 행동

④ 쉽게 초조하고 흥분하는 행동
⑤ 신체적 고통이나 아픔을 호소하는 행동
⑥ 밤에 잠들기나 수면 유지가 어렵고 잠자리에서 뒤척이고 돌아눕는 행동

2) 원인

일부 연구에 의하면 불안은 가족, 우울과 같은 다른 장애, 그리고 환경과도 관련이 있다. 만성적인 불안은 초기 애착 관계에서 어려움이 있었던 유아나 불안정한 가정, 경제적 빈곤, 이웃의 폭력과 같은 고질적인 환경적 스트레스에 노출된 유아에게서 나타난다.

3) 치료와 중재

범불안장애의 일반적 치료와 중재는 분리불안장애와 같다. 유아의 개별치료, 부모교육, 그리고 부모-자녀 치료를 포함한다. 약물은 불안이 심할 때 고려된다.

4) 유아교육기관에서의 사용할 수 있는 전략들

부모와 지속적으로 의사소통 하기 유아와 관련된 모든 성인이 한팀을 이루어 협력할 때 유아는 가장 많이 향상된다. 범불안장애 유아는 일관성을 필요로 하므로 교사는 부모와 정기적으로 의사소통 할 필요가 있다. 부모와 교사가 의사소통을 시작하고 유지하는 방법에 대한 제안은 4장에 제시되어 있다.

유아가 안전하고 편안하게 느낄 수 있도록 반복되는 의식과 일상생활 제공하기 매일 반복되는 일과는 다음에 어떤 일이 발생할지에 대한 걱정을 감소시켜 준다. 하루 중 특별한 작은 일상들은 유아에게 자신이 잘하고 있다는

유능감을 느끼도록 돕는다. 예를 들면, 저녁식사 시간에 그릇과 수저를 놓고 가족들이 식사를 하기 전에 아이들을 먼저 먹이는 일상이 매일 반복된다면 유아는 언제 식사를 시작해야 하는지에 대해 매일 걱정하지 않을 것이다.

등원 시 분리과정에서 부모 지원하기 부모와 떨어지지 않기 위해 소리치고 매달리는 유아를 떼어 놓는 것은 매우 어렵다. 이때 교사는 부모와 유아에게 인사하며 다가가도록 한다. 유아는 교사에게 먼저 다가가기를 거부하므로 교사는 몸을 낮춰 눈을 맞추며 환영인사를 한다. 유아에게 함께 할 수 있는 재미있는 것들에 대해 말해준다. 유아가 조금 안정된 후 부모가 이별의 식을 하도록 격려한다. 힘든 장면을 피하기 위하여 때로 부모들은 유아가 보고 있지 않을 때 몰래 도망가기도 한다. "안녕"이라고 말하지 않고 헤어지는 것은 유아에게 다음의 이별을 더욱 불안하게 만들 수 있음을 부모에게 이해시킨다. 부모가 유아에게 이별인사를 하고 나중에 데리러 올 것이라는 사실을 확실하게 말하도록 한다.

유아가 잘 따르는 사람 정해주기 유아가 자연스럽게 잘 따르는 교사가 힘들 때 가장 먼저 찾는 사람이 된다. 이 교사가 대부분의 중재와 애착 활동을 제공하고 주요 위로자의 역할을 해야 한다.

학급 내 모든 유아에게 불안을 인식하고, 명명하고, 다룰 수 있도록 돕기 불안해하는 유아를 분리하여 '특별 지도' 하는 것은 불안을 더욱 가중시킨다. 교사는 모든 유아에게 다음과 같은 전략으로 도움을 줄 수 있다.

- Becky Bailey(Bailey, 2001)에 의해 개발된 '멈추기, 숨 들이쉬기, 이완하기' 와 같은 이완기술을 가르친다.
- 집단활동 시간에 다른 사람들도 걱정하고 불안해한다는 것을 말해준다. 그리고 "어제 내가 갑자기 시끄러운 천둥소리를 들었는데, 그 소리는 정말 무서웠어. 너희들도 무서움을 느꼈던 적이 있었니?" 라고 말하여

모델링할 수 있게 한다.

- 유아가 두려움을 느꼈을 때, 그것을 극복할 수 있는 여러 방법에 대해 다른 또래들과 함께 브레인스토밍을 한다. "내가 천둥소리를 듣고 두려웠을 때, 나는 고양이를 찾아 쓰다듬었어. 그러니까 기분이 나아졌어. 자신의 기분이 나아지도록 하기 위해 어떻게 할 수 있을까?" 라고 말하는 것으로 대화를 시작할 수 있다. 만약 많은 유아들이 교사가 했던 말과 같은 말을 하더라도 놀라지 않아야 한다. 유아는 모델링으로 배운다. 만약 자신의 생각을 말하는 유아가 없더라도, 교사는 "예전에 내가 걱정했던 것을 할머니에게 말했어. 그러고 나니 기분이 훨씬 나아졌어" 라고 말할 수 있다. 유아는 자신을 진정시키기 위한 전략을 제안하는 데 어려움이 있다는 것은 유아가 그 방법을 알지 못한다는 표시이다. 적절한 그림책, 손 인형놀이, 그리고 가장놀이와 같은 새로운 전략을 소개한다.

유아가 문제해결 기술을 배우도록 돕기 교사는 이야기나 손 인형으로 상호작용하는 것을 보여주고 난 후 유아들과 역할놀이를 할 수 있다. 교사는 불안해하는 유아에 관한 주제를 선택할 수 있다. 예를 들면, 다른 유아와 함께 놀이하기 위해 놀이를 청하는 방법 또는 간식시간에 간식을 엎지른다면 어떻게 해야 하는지에 대해 초점을 맞춘다.

불안한 유아를 지도하기 유아는 자신이 잘 하고 있는지 피드백을 받아 확신을 갖기 원한다. 그러므로 유아가 묻기 전에 긍정적인 피드백을 자주 해주도록 한다.

유아 스스로 성공적이고 유능하다고 느끼도록 돕기

- 유아의 능력을 넘어서는 활동으로 부담을 주지 말아야 한다. 조금 높은 수준에 도전하게 하고 각 단계에 도달했을 때 유아를 격려한다. 예를 들면, 유아가 6조각의 퍼즐을 완성한다면 교사는 10조각의 퍼즐을 제시할 수 있다.

- 매일 귀가 전에 자신이 성취한 것을 일지에 기록한다. 유아가 새로운 것을 배우고 잘 수행하고 있는 모습의 사진을 붙여둔다. 사진은 종종 말보다 더 강한 힘을 갖는다. 예를 들어, 사진은 혼자서 인형의 셔츠를 모두 입힌 것을 기억하도록 돕는다. 교사가 찍은 유아의 디지털 사진을 보여주고 사진의 제목을 적어보도록 한다. 때때로 유아와 함께 일지를 읽거나 가족이 함께 그것을 공유하도록 가정으로 보낸다.

8장

기분장애

모든 사람은 감정에 기복이 있다. 소위 '미운 두 살' 이라고 일컬어지는 걸음마기에 가장 극적으로 나타난다. 소아기 양극성장애로 인해 우울하고 슬프고 괴로워하는 유아는 기분과 행동에 예측할 수 없는 변화를 보이며 이는 장기간 지속된다.

1. 우울증

네 살 된 수인은 지난 몇 개월 동안 더 많이 의기소침해지고 슬픔에 빠져 있다. 수인은 사소한 것에도 당황해하며 "아무도 나를 좋아하지 않아"라고 하거나 "나는 꼭 바보 같아"라고 말하며 운다. 수인은 그림을 그리고 색칠하는 것을 좋아했지만 요사이 그림 그리기에 대한 의욕이 없다. 수인은 피곤해 보이지만 가만히 누워 있지 못하고 쉽게 잠들지도 못한다. 많이 피곤할 때는 예민해져서 짜증을 내기도 한다. 식욕도 점점 줄어들어 많이 먹지도 않는다. 다른 아이들은 수인이가 놀이에 열중하지 않거나 "싫어"라고 대답하기 때문에 같이 놀자고 물어보지도 않는다.

1) 전형적인 증상

우울증은 경도에서 중도까지의 범위가 있다. DSM-IV-TR에 의하면 다음 증상 중 적어도 다섯 가지 이상이 나타날 때 중도(severe) 우울증이나 주요 우울증으로 진단된다(DSM-IV-TR에서 번안).

- 적어도 2주 동안 거의 매일 하루의 대부분을 슬퍼하거나 짜증을 내며 보낸다. 더 나이든 아동은 "난 슬퍼" 라고 말한다. 유아는 눈물을 흘리거나 슬픈 표정과 같은 표시를 자주 나타낸다.
- 평소 흥미를 보이던 것도 하지 않으려 하며 참여해도 즐겁지 않은 것처럼 보인다.
- 식습관에 주요 변화가 있으며 몸무게가 많이 늘어나거나 줄어든다(일반적으로 한 달 사이에 몸무게의 5% 정도).
- 유아에게 전형적이지는 않지만 잠들기나 수면 유지가 어렵고 수면과다와 같은 문제를 보인다.
- 안절부절 못하고 초조해하거나 반대로 평소보다 느리게 말하거나 움직인다.
- 하루 종일 피로감을 느끼거나 아무런 이유 없이 무가치감이나 죄책감을 느낀다. 더 나이 든 아동은 "난 너무 바보 같아" 라고 말하기도 한다. 놀이 속에 이런 기분을 나타내기도 한다.
- 색종이를 사용하는 것과 같은 간단한 결정에도 어려움을 보인다. 신발끈을 묶는 것과 같은 단순한 문제를 종종 해결하지 못한다. 퍼즐을 완성하는 것과 같은 과제를 지속하는 데 어려움을 가질 수 있다.
- 죽음, 죽는 장면 및 자해 시도에 대해 자주 이야기한다.

우울증이 있는 유아는 짜증을 더 많이 내고, 두통이나 복통을 자주 호소하며 우울증이 있는 성인보다 더 공격적이다.

기분장애의 주요 증상		
우울증	장기 애도	양극성장애
• 자주 슬퍼하거나 짜증 내기 • 많이 울기 • 동기 저하와 즐거움 부족 • 낮은 자존감 • 종일 지쳐 있음 • 수면의 어려움 • 식욕의 변화 • 잦은 두통이나 복통 • 공격적인 행동	• 최근에 부모의 죽음과 같은 중대한 상실경험 • 상실경험 후 2개월 이상 우울 증상 지속 • 상실한 사랑의 대상에 대해 자주 말함	• 자주 격렬한 기분 변화 • 하루 중 오후에 짜증 증가 • 수면의 어려움 • 쉽게 좌절 • 울화 터뜨리기 • 공격성 • 상반되는 행동하기 • 악몽이나 야경증 경험 • 분리불안

기분장애와 유사한 다른 증상과 특성

- 초기 애착 관계의 문제
- 불안장애
- 외상후스트레스장애(PTSD)
- 반항성장애
- 조절장애
- 주의력결핍과잉행동장애(ADHD)

2) 원인

유아기 우울증은 유전과 환경의 복합적 요인에 의해 야기된다. 우울증에 대한 생물학적 취약성이 있는 유아에게 다음과 같은 일들이 우울 증상을 유발할 수 있다.

- 이사
- 형제의 출생
- 집안에서의 부부싸움
- 부모의 이혼
- 가족과의 이별이나 사별을 통한 사랑하는 대상의 상실

- 가족 구성원의 정신질환
- 다른 스트레스 요인

3) 치료와 중재

유아기 우울증은 일반적으로 전문적인 상담으로 치료한다. 유아들의 생활은 부모와 밀접하게 얽혀 있기 때문에 부모와 함께해야 하는 상담도 있다. 치료의 효과를 높이기 위해 부모는 가정에서 무엇을 해야 하는지 알아야 한다. 우울증이 심하거나 상담으로 진전이 보이지 않을 때는 정신과 의사가 유아에게 항우울증 약을 처방할 수 있다.

4) 유아교육기관에서 사용할 수 있는 전략

부모와 지속적으로 의사소통 하기 부모와 함께 팀을 이루어 지도할 때 유아는 가장 많이 향상된다. 우울증이 있는 유아는 일관성을 필요로 하므로 교사는 부모와 정기적으로 의사소통 할 필요가 있다. 부모와 교사가 의사소통을 시작하고 유지하는 것에 대한 제안은 4장에 제시되어 있다.

유아와 안정된 관계를 확립하기 위한 특별한 시간 가지기 우울증이 있는 유아는 자신을 무조건 수용해 줄 수 있는 성인이 필요하다. 이런 유대관계를 맺는 방법에는 무릎에 앉히고 책 읽어주기, 간식시간에 특별 도우미 역할 청하기, 매일 아침 개별적으로 인사 나누기, 귀가시간에 따뜻한 인사말 하기 등이 있다.

개인적인 경험이나 기분에 관해 배우고 이야기하도록 돕기 유아의 기분을 경청하고 반영하고 읽어준다. 유아 자신의 기분을 표현하도록 돕는 활동을 계획하는 것이 좋다. 유아에게 그림책 속의 인물들의 감정을 그림으로 그리고 이야기하도록 하며 교실에 있는 다른 유아의 정서에 관심을 갖게 한다.

예를 들면, "지영이가 탁자 밑에 숨어 있네. 소방차가 지나가는 소리에 겁을 먹었나 봐. 지영이에게 같이 가 보자"라고 말한다.

생각을 공유할 수 있는 편안하고 수용적인 환경 만들기 유아가 감정을 표현할 때 그 감정의 정당함을 알려주어야 한다. 그렇게 할 때 유아에게 자신의 감정이 중요하다는 메시지를 주게 된다. 예를 들면, 정우가 개를 무섭다고 말할 때 "무서워할 이유가 전혀 없어"라고 말하는 대신 "그래, 사람들은 남의 집 개를 무서워한단다"라고 말할 수 있다.

유아가 활동에 계속 참여하도록 격려하기 매일 유아가 좋아하는 활동 몇 가지를 활용하라. 적극적인 활동의 참여는 기분을 좋게 만든다. 유아가 활동에 참여할 때 유아와 짧게 담소를 나누거나 미소를 지어준다. 교사의 긍정적인 관심은 더 자주 활동에 참여하게 만들 수 있다.

매일 유아와 일대일로 상호작용하는 시간 계획하기 점진적으로 그 놀이에 다른 유아를 참여시켜 나가는 것이 좋다.

2. 장기 애도

세 살 된 진수의 아버지는 여름이 끝날 무렵에 갑자기 돌아가셨다. 현재 진수와 어머니, 진수 형제들은 친척들과 함께 살고 있다. 진수는 거의 웃지도 않고 다양한 감정을 보이지 않으며 대부분의 시간에 말이 없고 위축되어 있다. 진수는 항상 지쳐 있고 잠을 많이 잔다. 가끔 교사에게 다가와 아빠에 대해 이야기함으로써 교사를 깜짝 놀라게 한다. "아빠는 지금 하늘에 계세요. 내가 아빠한테 전화해도 되나요?"라고 하거나 트럭 사진을 보여준 뒤에 "아빠가 트럭으로 나 드라이브 시켜줬어요"라고 말한다. 진수는 학급활동에 거의 참여하지 않으며, 다른 아이들도 진수를 무시하곤 한다. 가끔 자신을 화나게 만드는 아이에게 소리를 지르거나 때리려고 한다. 한 번은 놀이터에서 함께 놀려고 하는 아이에게 모래를 던졌다.

1) 전형적인 증상

장기 애도와 우울증의 증상은 동일하다. 장기 애도는 사랑하는 대상을 잃고 문화적으로 정상적이라고 볼 수 있는 시간보다 더 오랫동안 슬픔에 빠져 있는 유아에게 내려지는 진단이다. 일반적으로 심리학자들은 이런 증상이 2개월 이상 지속될 때 장기 애도로 본다.

유아는 죽음의 영속성에 대한 이해 부족으로 슬픔의 과정이 더 복잡할 수 있다. 유아는 사랑하던 사람이 죽은 경우 함께 있고 싶어 자신도 죽고 싶다고 하거나 같이 있고 싶다고 이야기하곤 한다. 성인의 이런 증상은 심각한 문제의 징후이지만 유아들의 경우는 종종 이해력 부족과 관련이 있으므로 문화적 특징을 고려한 이해가 요구된다.

2) 원인

사랑하는 사람을 잃고 난 뒤 어떤 유아는 왜 다른 사람보다 더 힘들어하며 우울증과 극도의 슬픔을 보이는지 알 수 없다. 유아의 슬픔 정도와 기간에 영향을 미치는 요인은 다음과 같다.

- 갑자기 예기치 못한 상실이었거나 마지막 작별인사를 한 경우
- 남아 있는 부모와 가족이 슬픔을 다루는 방법
- 부모가 유아와 함께 상실에 대처하고 극복하는 방법
- 상실 후에 이사나 전학 또는 경제적 어려움과 같은 중요한 변화가 일어나는 경우

3) 치료와 중재

우울증과 장기 애도를 위한 치료와 중재 접근은 유사하다. 일반적으로 개별 치료와 가족 치료가 권유된다. 치료와 중재는 특별히 슬픔의 과정과 상실

을 다루어야 한다. 우울증이 아주 심각하거나 유아의 발달에 치명적인 영향을 미친다면 약물을 사용하지만 치료나 중재 없이 약물치료를 하는 것은 장기적인 효과에 한계가 있다.

4) 유아교육기관에서 사용할 수 있는 전략

부모와 지속적으로 의사소통 하기 부모와 팀을 이루어 협력할 때 유아는 가장 많이 향상된다. 장기 애도를 보이는 유아는 일관성을 필요로 하므로 교사는 부모와 정기적으로 의사소통 할 필요가 있다. 부모와 교사가 의사소통을 시작하고 유지하는 것에 대한 제안은 4장에 제시되어 있다. 또한 유아에게 죽음에 관해 이야기하는 방법을 논의하기 위해 가족과의 만남을 계획하되 교사가 제안하는 것이 그들의 문화적, 종교적 신념에 적합한지 살펴볼 필요가 있다.

유아에게 죽음에 대한 책임이 없다는 것을 이해하도록 돕기 유아는 자기중심적이기 때문에 종종 죽음이 자신 때문이었다고 믿는다. 유아에게 자신이나 아빠의 행동(예 아빠가 유아에게 화를 낸 것)으로 인하여 아빠가 죽은 것은 아니라고 자주 말해주어 안심시켜야 한다.

우울증과 관련해서 유아교육기관에서 할 수 있는 전략 참고하기 활동참여를 높이는 방법과 감정표현을 격려하는 방법 및 실천할 수 있는 다른 중재에 대한 아이디어를 찾아본다.

3. 양극성장애

네 살 된 지우의 행동은 종종 예측할 수 없으며 다루기도 힘들다. 때때로 지우는 하루 종일 위축되어 있으며 눈물을 흘리기도 하고 안도감을 얻으려고 교사에게 매달리기도 하고 잠시 뒤에는 싸우기도 하고 교사에게 말대꾸도 하고 분노를 터뜨리고 지시를 무시하기도 한다. 지우의 흥분성과 활동성 수준은 하루에도 오

르락내리락 변화를 보인다. 지우는 종종 집중하기도 어렵고 작은 어려움에도 쉽게 좌절한다. 지우가 한번 흥분하면 어떤 도움을 주더라도 진정시키기가 어렵다. 종일 중얼거리며 종종 가만히 앉아 있지 못하고 부산스러워 보인다. 지우는 낮잠시간에도 한자리에 있지 못하며 자주 악몽에 시달린다. 지우는 아주 매력적이고 창의적일 수 있는 총명한 아이지만 교사는 교실에서 지우를 어떻게 도와야 할지 확신을 갖지 못한다.

1) 전형적인 증상

매우 어린 유아에게 양극성장애 진단을 내리는 데는 논란의 여지가 있다. 문제는 DSM-IV-TR에서 소아기 양극성장애와 성인기 양극성장애의 기준이 다르지 않다는 것이다. 따라서 유아가 양극성장애 진단을 받으려면 성인기 양극성장애 증상을 기초로 평가 받게 된다. 조증 에피소드에 대한 DSM-IV-TR의 기준을 충족시키려면 조증이나 경도 조증 에피소드가 적어도 1주일(만약 입원했다면 더 짧은 기간)동안 나타나야 한다. 성인기 조증 증상은 다음과 같다(DSM-IV-TR에서 번안).

- **과도한 흥분이나 분노가 나타난다** 극도로 흥분된 사람은 대개 모든 것이 잘 되고 세상은 아름답고 굉장한 곳이라는 강한 행복감을 가지고 있는 것으로 묘사된다.
- **높은 활력과 활동성 수준을 보인다** 종종 한 번에 긴 시간 동안 극도로 활동적이어서 집안 대청소하기, 장거리 달리기, 예술작업 착수하기와 같은 많은 일을 수행한다.
- **수면욕구가 감소한다** 휴식을 취하거나 다음날을 준비하는 데 3~4시간 자면 충분하다고 말한다.
- **다양한 아이디어에 관해 끊임없이 이야기한다** 조증이 있는 사람은 종종 다른 사람이 말을 꺼내기 힘들 정도로 지나치게 말을 많이 하여 압박감을 준다.

- **쉽게 산만해진다** 사람들이 일반적으로 알아채지 못하는 작은 소리나 움직임과 같은 사소한 것에도 산만해진다. 조증 에피소드를 가지고 있는 사람은 장시간 집중하는 것이 어렵다.
- **위험을 초래하더라도 쾌락적인 것을 추구한다** 약물 남용, 무분별한 성행위, 흥청망청 쇼핑하기, 무모하게 운전하기 등의 행동이 일어날 수 있다.

이 장애를 가진 사람들은 대부분 주요 우울증도 가진다. 일부는 조증과 주요 우울증을 동시에 가진다. 이런 복합 증세를 혼재성 에피소드(mixed episode)라 한다.

최근 연구는 조기 또는 소아기에 발병하는 양극성장애는 성인기 양극성장애와는 그 특성과 결과가 다르다고 주장한다. 조기 발병 양극성장애와 후기 발병 양극성장애는 양극성장애의 하위 유형들이다(Mick et al., 2003; Papolos & Papolos, 2002). 소아기 양극성장애를 가진 유아의 특성은 다음과 같다(Papolos & Papolos, 2002).

- 하루에 여러 번, 급격하게 조증에서 우울증으로 기분이 변한다. 유아는 대부분 예민한 상태에 있으며 거의 안정되어 있지 않다.
- 종종 아침에는 기력이 저하되어 있으며 낮 동안이나 저녁이 되면서 활동수준과 흥분성이 증가한다.
- 수면의 어려움, 악몽, 야경증 및 야뇨증을 보인다.
- 부모와 분리될 때 극심한 공포감을 경험한다.
- 쉽게 좌절하고 격심한 감정을 조절하는 데 어려움을 수반한다.
- 타인에 대한 신체적 공격, 욕설 및 규칙이나 지시 따르기를 거부하는 것을 포함하는 공격적이고 반항적인 행동을 보인다(2세경의 유아가 종종 보이는 반항적인 행동과 양극성장애의 증상을 혼동하지 않도록 한다).
- 종종 양극성장애, 다른 기분장애 및 알코올중독의 내력을 가진 가족에게서 나타난다.

소아기 양극성장애를 진단하기 위해서 경험이 많은 임상가가 필요하다. ADHD와 우울증을 가진 유아에게 도움이 되는 약물이 양극성장애를 가진 유아에게는 해로울 수 있기 때문에 정확한 진단을 내리는 것이 특히 중요하다. 잘못된 약물처방은 유아가 입원치료를 받도록 만들 수 있다.

2) 원인

친가나 외가 가족 중에 양극성장애가 있거나 알코올중독의 내력을 가진 가족이 있는 유아는 소아기 양극성장애 진단을 받을 가능성이 더 높다 (Papolos & Papolos, 2002). 또한 유아의 환경은 증상을 유발할 수도 악화시킬 수도 있다. 즉, 정신적 충격, 유아와 부모 간의 부적절한 관계, 가혹한 양육, 빈곤 및 가족 스트레스는 증상을 더 악화시킬 수 있으며 이 장애를 다루는 데 더 어려움을 준다.

3) 치료와 중재

적절한 사정과 진단은 정신건강 문제를 밝히는 첫 단계이나 소아기 양극성장애에 대한 훈련과 임상경험을 가진 정신건강 전문가를 찾기란 쉽지 않다.

양극성장애를 가진 유아는 많은 지원과 팀 접근을 필요로 하며 경험이 많은 소아정신과 의사가 약물처방을 할 필요가 있다. 양극성장애 유아에게 종종 리듐(Lithium)이나 데파코트(Depakote) 같은 기분 안정제나 리스페달(Risperdal) 같은 항정신성 약물이 도움이 된다.

많은 양극성장애 유아는 개별 치료와 가족 치료로 도움을 받을 수 있다. 개별 치료는 감정을 조절하거나 보다 나은 대처기술을 발달시키는 데 도움이 될 수 있다. 부모와 교사를 참여시키고 교육시키는 것은 필수적이며 또 부모와 교사는 소아기 양극성장애에 관한 정보가 필요하다. 부모와 교사가 이 장애를 수용하고 유아가 많은 시간을 보내는 가정과 유아교육기관에서는 적절한 중재와 행동계획을 수행하는 데에도 도움이 필요하다.

4) 유아교육기관에서 할 수 있는 전략

부모와 지속적으로 의사소통 하기 교사와 부모가 한팀을 이루어 협력할 때 유아는 가장 많이 향상된다. 양극성장애 유아는 일관성을 필요로 하므로 교사는 부모와 정기적으로 의사소통을 할 필요가 있다. 부모와 의사소통을 시작하고 유지하는 것에 대한 제안은 4장에 제시되어 있다.

예측 가능한 반복적인 일과 제공하기 양극성장애 유아는 변화와 전이에 힘들어한다. 특히, 견학과 같이 변화가 많은 활동은 항상 사전에 유아를 위한 준비가 필요하다. 어떤 일이 일어나고 있는지 이야기해주며 가능하면 그림을 보여주며 설명해 다가올 일과에 대해 알려주도록 한다. 전이시간을 알리는 특정 음악이나 종소리와 같은 반복되는 일상적인 예고를 사용하여 전이가 보다 쉽게 이루어지도록 도와준다. 예고는 유아에게 변화에 대한 준비할 시간을 주게 된다.

유아가 교사와 애착을 형성하도록 돕기 모든 유아에게 애착이 중요하지만 양극성장애 유아는 정서적으로 각별히 지지하고 도울 필요가 있다. 유아와 강한 애착을 형성할수록 제한설정은 더 쉬워진다.

유아가 자신의 감정을 자각하고 읽을 수 있도록 도와주는 환경 만들기

유아가 자신의 경험과 느낌에 관해 편안하게 이야기하도록 돕기

유발 요인 알아내기 좋은 관찰자가 되어야 한다. 분노를 일으키거나 진정시키는 것이 무엇인지 관심을 기울인다. 이것은 문제의 반복을 예방할 수 있게 해준다.

감정을 진정시키도록 돕기 감정이 진정되는 걸 보았다면 그 상황을 바꾸어서 문제해결을 돕거나 대안을 제시하는 것이 좋다. 예를 들면, "다음 차례에는 정말 미끄럼틀을 양보하려고 했었지? 그런데 지금은 민영이 차례야. 네 차례가 될 때까지 내가 손을 잡아줄게" 또는 "정말 화가 났구나. 그것 말고 우리가 할 수 있는 다른 걸 찾아보자. 음, 여기 네가 가장 좋아하는 게 있구나" 또는 "너는 정말 그 장난감을 가지고 놀고 싶구나. 그러면 주영이에게 다 가지고 놀았는지 물어보자" 라고 말해준다.

진정된 감정을 유지하도록 돕기 유아의 감정을 읽어주고 고통을 인정하며 진정시키는 행동을 보여준다. 유아에 따라 진정시키는 행동은 다를 수 있다. 흔들의자에 앉히기, 특별한 장난감이나 담요 주기, 잠깐 교사의 무릎 위에 앉히기 및 가족 사진 보여주기 등을 시도해 본다.

진정된 감정을 유지하도록 조용하고 편안한 곳에 데려가기 가까이 앉아서 유아의 감정을 읽어주고 준비가 되면 도와줄 교사가 함께 있다는 것을 알게 할 필요가 있다. 감정이 진정된 상태에서도 유아를 혼자 두어서는 안 된다. 누그러진 감정이 더 악화될 수도 있다.

일관성 있는 제한설정을 하고 인내하기 일부 양극성장애 유아는 제한설정에 반발할 수 있다. 교사를 곤란하게 하려는 것이 아니라 유아가 많이 힘들며 자신의 격한 경험을 다루는 방법을 거의 모르고 있기 때문임을 기억해야 한다.

긍정적인 행동에 관심 보이기 양극성장애 유아는 행동상의 문제를 보일 때 관심을 받는 경향이 있다. 그래서 나쁜 행동만 주목을 받는다고 생각하지 않도록 유아의 긍정적인 행동에 많은 관심을 보여야 한다.

우울한 기분에 빠져 있는 유아를 즐거운 활동에 참여하도록 격려하기 우울 상태에 있는 유아와 활동하는 방법에 관한 더 많은 아이디어는 우울증에 관한 앞부분을 참고하기 바란다.

9장

주의력결핍 및 파괴적 행동장애

모든 유아는 때때로 반항적이며 공격적으로 행동하기도 하고 주의력이 부족할 때가 있다. 이런 행동들은 유아가 피곤하거나 배가 고프거나 스트레스를 받을 때 훨씬 더 자주 나타난다. 유아는 대들기도 하고 불복종하고 때리고 밀치고 달아나거나 귀 기울이지 않을 수도 있다. 말을 하지 않는 것, 때때로 다른 사람을 때리는 것 그리고 주의력이 짧은 것은 유아의 경우에는 정상적인 행동으로 간주된다. 그러나 유아의 어떤 행동은 전형적인 비협조적 행동을 넘어서며 이는 장애의 증상일 수 있다.

주의력결핍과잉행동장애(ADHD)는 요즈음 잘 알려진 용어이기 때문에 많은 교사, 부모, 임상가들은 유아가 자리에 앉아 있거나 주의를 기울이는 데 어려움을 보이면 서둘러 진단을 내린다. 그러나 유아는 여러 가지 이유로 주의를 기울이는 데 어려움을 가질 수 있다. ADHD와 다른 문제를 구별하기 위해 주의 깊은 검사가 이루어져야 한다.

1. 주의력결핍과잉행동장애(ADHD)

네 살 된 지후는 쉴 새 없이 주변을 뛰어다닌다. 지후는 집단활동 시간에 잠시도 앉아 있지 못하며 일어서서 계속 주변을 돌아다니고 이것저것 만지기도 한다. 지후는 점심시간에 자기 자리에 앉아 있는 것조차 힘들어한다. 지후는 항상 다른 아이들이 움직이기도 전에 더 빨리, 더 활발하게 움직인다. 다른 아이들은 지후가 그들의 작품을 엉망으로 만들고, 떠밀기도 하고, 방해하기도 하기 때문에 지후와 함께 하는 것을 싫어한다. 지후의 주의를 끌기 위해서는 종종 신체적인 접촉이 필요하며 과제를 완수하도록 하기 위해서는 지속적인 관심이 요구된다. 지후는 거의 하루 종일 산만한 것처럼 보인다. 지후는 장난감이나 소지품들을 자주 잃어버린다. 지후는 시종일관 말을 하지만 특정 주제를 유지하지 못하며 지후는 자기 차례를 기다려야 할 때 화를 내며 좌절하고 기다리게 하면 종종 분노를 터뜨리기도 한다. 평소 교사들이 지후를 좋아하고 좋은 아이라고 생각할지라도 지후는 과도한 감독과 관심을 필요로 하므로 교사들은 지치고 좌절하게 된다.

1) 전형적인 증상

일반적으로 ADHD를 하나의 장애로 생각하고 있지만 DSM-IV-TR에서는 ADHD의 몇 가지 특성을 구분하고 있다. 첫 번째 특성은 주의력결핍이며, 두 번째 특성은 과잉행동과 충동형이며, 세 번째 특성은 주의력결핍과 과잉행동 · 충동형의 결합이다.

DSM-IV-TR은 ADHD를 진단하기 위한 몇 가지 일반적인 지침을 제시하고 있다.

- 행동이 파괴적이어야 한다.
- 행동이 발달적으로, 문화적으로 부적절해야 한다.
- 행동이 적어도 6개월 이상 지속적으로 나타나야 한다.
- 행동이 두 가지 이상의 환경에서, 즉 가정과 학교에서 일어나야 한다.

만약 이 행동이 가정이나 학교 어느 한 상황에서만 일어난다면 ADHD의 기준에 부합되지 않는다.
- 행동이 7세 이전에 시작되어야 한다.

ADHD의 주의력결핍형으로 진단되기 위해서는 다음 증상들 중 적어도 여섯 가지 이상이 나타나야 한다(DSM-Ⅳ-TR에서 번안).

- 세부적인 사항에 면밀한 주의를 기울이지 못한다.
- 한 가지 과제에 주의를 계속 유지하는 데 어려움을 가진다—예를 들면, 한 가지 과제나 놀이를 완성하지 못한 채 미술 영역에서 모래 놀이영역이나 소꿉놀이 영역 등으로 돌아다닌다.
- 직접적으로 하는 말에 귀 기울이지 않는 것으로 보인다.
- 종종 지시 따르기나 일과와 과제를 끝까지 완수하지 못한다.
- 종종 하나의 활동을 완성하기 위한 단계를 이해하는 데 어려움을 가진다—예를 들면, 교사가 아동의 옆에 앉아서 먼저 종이에 풀을 칠하고 그 다음 날개를 집어서 그 위에 풀을 붙이는 과정을 일일이 지적하며 설명해 줄 때까지 아동은 책상에서 재료들을 만지작거리며 멍하니 앉아 있다.
- 장시간 집중을 요하는 과제를 피하거나 싫어한다—예를 들면, 퍼즐 맞추기, 블록으로 집짓기보다는 달리거나 점프하는 것을 더 좋아하고, 무엇이든 서둘러 해버리고 쉴 새 없이 움직인다.
- 종종 과제에 필요한 물건들을 잃어버린다.
- 종종 쉽게 산만해진다—예를 들면, 주변의 움직임이나 시선을 끄는 물건 또는 소음이 있을 때 주의가 흩어지기 때문에 과제에 집중하기가 어렵다.
- 잘 잊어버린다.

그리고 ADHD의 과잉행동·충동형으로 진단되기 위해서는 다음 증상들 중 적어도 여섯 가지 이상이 나타나야 한다(DSM-IV-TR에서 번안).

- 과잉행동을 보인다.
- 종종 안절부절 못하거나 움직인다.
- 앉아 있어야 할 상황에서 자리를 이탈한다.
- 상황에 맞지 않게 뛰어다니거나 기어오른다.
- 조용하게 놀지 못한다.
- 끊임없이 움직이거나 발에 자동차 바퀴가 달린 것처럼 돌아다닌다.
- 과도하게 말을 한다.
- 충동적이다.
- 질문이 끝나기도 전에 불쑥 대답한다.
- 차례를 기다리기가 어렵다.
- 다른 사람의 대화나 게임을 방해한다.

ADHD의 조합형(주의력결핍과 과잉행동 · 충동형)으로 진단되기 위해서는 DSM-IV-TR에 명시된 각 유형의 항목에서 각각 적어도 여섯 가지 이상의 증상이 나타나야 한다.

주의력결핍 및 파괴적 행동의 주요 증상		
주의력결핍과잉행동장애 (ADHD)	반항성장애 (ODD)	품행장애
• 활동에 대한 주의력 부족 • 귀 기울이지 않는 것처럼 보임 • 쉽게 산만해짐 • 하루 종일 움직임 • 가만히 앉아 있지 못함 • 쉴 새 없이 말함 • 충동적임 • 차례를 기다리지 못함	• 어른과 언쟁함 • 규칙을 무시함 • 자주 화를 냄 • 쉽게 분개함 • 무례하거나 상처를 주는 행동을 보임 • 고의적으로 사람을 괴롭힘	• 사람이나 동물에 대해 신체적으로 공격적이거나 잔인함 • 다른 사람의 물건을 파괴하거나 방화를 함 • 거짓말을 하며 도둑질을 함 • 가출을 함 • 밤새도록 귀가하지 않고 배회함 • 다른 사람에 대한 공감이나 죄책감이 전혀 없거나 거의 없음

주의력결핍 및 파괴적 행동장애와 유사한 다른 증상과 특성

- 초기 애착 관계의 문제
- 언어발달 지체나 학습장애 등에 수반하는 공격성과 주의력결핍
- 외상후스트레스장애(PTSD)
- 다른 불안장애
- 우울증
- 영재아에게 적절한 자극을 주지 못하고 오래 앉아 있게 할 때 나타나는 공격성과 주의력결핍

2) 원인

ADHD는 아마 유전적인 요인과 환경적인 영향 간의 결합에 의해 발생할 것이다. ADHD 아동은 주의를 기울이기, 계획하기, 조직하기 및 추론하기를 통제하는 뇌 기능에 손상이 있다고 제안하는 연구도 있다(Weyandt, 2005). 또한 ADHD는 유전적이라고 밝힌 연구도 있는데, ADHD 아동의 부모도 ADHD를 가지고 있을 가능성이 있다고 본다.

환경도 ADHD에 영향을 미친다. 유아기 초기 애착과 양육상의 상처에 관한 연구는 환경이 유아의 두뇌 발달에 영향을 줄 수 있다고 제안한다. 양육상의 상처나 애착 문제는 주의력을 포함해 자기조절에도 어려움을 갖게 한다(Schore, 2001).

ADHD로 진단된 많은 아동들은 복합적인 문제를 가지고 있다. 그들은 학습장애, 우울증이나 반항성장애와 같은 다른 진단을 동시에 받을 수도 있다.

3) 치료와 중재

약물이 증상을 감소시키는 것으로 알려지면서 약물치료는 ADHD 아동을 중재하는 첫 번째 방법으로 일반화되었다. 가장 일반적으로 처방되는 약물

들은 리탈린(Ritalin), 애드롤(Adderall), 스트라테라(Strattera) 등이다.

가정과 학교에서의 행동중재가 도움이 된다고 밝힌 연구도 있는데, ADHD 아동들이 집중하는 법, 과제를 다루기 쉽게 나누는 법 및 주변 세계를 조직하는 법을 학습하도록 도움을 주어야 한다. 부모와 교사가 행동중재 전략을 익히고 ADHD를 이해하는 것은 중재계획이 전반적으로 성공하는 데 결정적이다.

특히, ADHD 유아에게는 가정환경이 중요하다. 양육자가 양육에 집중하지 못하고, 유아 발달에 대한 이해가 부족하거나 유아 스스로 진정하거나 조절하는 것을 배우는 데 도움을 주지 못할 때 ADHD 유아는 더 나쁜 결과를 갖게 된다(Fraser, 2002).

4) 유아교육기관에서 사용할 수 있는 전략

다음은 ADHD 유아와 활동할 수 있는 구체적인 제안들이다. 더 많은 제안들은 이 장의 마지막 부분인 'ADHD, 반항성장애, 품행장애의 증상에 대해 유아교육기관에서 사용할 수 있는 전략'에 소개되어 있다.

지속적으로 앉아 있어야 하는 시간 동안 만지작거릴 수 있는 것 제공하기 예를 들면, 집단모임 시간 동안 공을 쥐고 주무를 수 있게 한다. 이는 종종 유아의 집중을 도울 수 있다. 더 많은 지원이 필요한 유아라면 교사 옆에 앉히는 것이 좋다.

유아가 복잡한 과제를 완성하도록 돕기 가능한 한 여러 개의 작은 단계로 과제를 나누어 유아의 수행 정도를 점검하고 다음 단계를 알려주는 것이 필요하다. 여러 단계로 나누어진 과제를 성공적으로 완성하는 연습의 기회를 자주 제공하는 것이 좋다. 성공적인 연습의 반복은 유아에게 큰 과제를 작은 부분들로 나누는 법을 배울 수 있게 하며, 완성을 통해 긍정적인 자아감을 갖게 한다.

2. 반항성장애(ODD)

처음부터 교사는 동주가 교실 일과에 잘 적응하도록 돕기 위해 애썼다. 그러나 동주는 교사의 모든 노력에 저항하였다. 교사의 모든 요구와 제안을 무시하는 것처럼 보이는 세 살 난 동주로 인해 교사는 실망하고 좌절하게 되었다. 교사가 동주에게 뭔가를 하게 하거나 제한할 때 동주는 공공연하게 교사를 무시하며 "싫어"라고 말하고 교사에게 바보라고 소리치며 달아났다. 동주는 쉽게 화를 내고 고의로 다른 사람을 괴롭히고 앙심을 품었다. 교사가 행동을 제한하면 동주는 기질폭발을 보였다. 만약 교사가 강압적으로 제한을 하였다면 동주는 아마도 교사를 발로 차고 때렸을 것이다.

1) 전형적인 증상

DSM-Ⅳ-TR에서는 유아가 반항성장애로 진단받기 위해서는 권위에 대한 적대적, 반항적, 비협조적 행동 유형이 지속적으로 나타나야 한다고 지적한다. 이런 행동들은 유아의 매일의 생활 수행을 방해하며 적어도 6개월 이상 지속되는 것이어야 한다. 전형적인 증상은 다음과 같다(DSM-Ⅳ-TR에서 번안).

- 종종 화를 낸다.
- 성인과 언쟁한다.
- 성인의 요구나 규칙을 과감하게 무시하거나 거절한다.
- 고의적으로 사람을 괴롭힌다.
- 자신의 잘못이나 무례한 행동에 대한 책임을 다른 사람에게 전가한다.
- 다른 사람으로 인해 쉽게 과민해지거나 신경질을 낸다.
- 화를 내고 분개하고 원한이나 앙심을 품는다.

2) 원인

일부 학자들은 반항성장애와 품행장애로 진단된 아동은 다른 아동들과 확연히 다르다고 본다. 이 아동들을 더 부정적이고 공격적이며 덜 적응적이도록 만드는 뇌 기능상의 차이가 있을 것으로 본다(Thomas & Chess, 1977; Bates et al., 1991). 즉, 유전적 소인이 있다고 본다. 반항성장애와 품행장애 진단을 받은 아동은 그들 가족 중 반항성장애, 품행장애, 반사회적 인격장애, 주의력결핍과잉행동장애나 우울증 진단을 받은 사람이 있거나 약물남용의 경력을 가지고 있을 가능성이 있다고 DSM-IV-TR에서 제시하고 있다.

유전적 요인보다 더 크게 영향을 미치는 요인들이 있는데, 예를 들면, 반항성장애는 빈곤, 폭력, 가족문제, 실직 및 복잡한 일상에서 비롯된 만성적인 스트레스와 관련성이 있다는 것이 밝혀지고 있다. 또한 반항성장애와 품행장애 아동의 부모는 우울 수준이 높으며, 양육기술에 대한 신념이 부족하고, 훈육하는 데 있어서 비 일관성을 보이는 경향이 있다. 학자들은 초기 애착과 부모교육은 유아의 행동에 지대한 영향을 미치고 있다고 지적한다. 반항성장애 유아의 부모는 유아를 때리고, 고함치고, 위협하는 방법으로 훈육하는 경향이 있다(Linfoot, Martin, Stephenson, 1999; Webster-Stratton, 1993). 반항성장애의 원인이 이와 같은 양육기술 부족 때문인지 빈약한 애착과 부적절한 사회적 · 정서적 발달의 결과인지 명확하지 않다. 이러한 여러 가지 요인들은 각각 유아의 행동을 진단 가능한 문제로 악화시키거나 유아의 장기적인 발달에 영향을 미치는 것으로 보인다.

3) 치료와 중재

반항성장애 유아의 치료와 중재는 포괄적이어야 하며 부모와 교사를 위한 개별 중재, 즉 장애에 관한 교육, 행동을 다루는 기술훈련 및 학교에서의 아동의 행동 중재와 계획 등과 함께 유아를 위한 개별 중재도 포함해야 한다.

또한 공격적인 행동이 심각하다면 공격성을 조절하는 약물치료를 고려할 수 있다.

4) 유아교육기관에서 사용할 수 있는 전략

ADHD, 반항성장애, 품행장애의 증상을 보이는 유아를 위해 유아교육기관에서 사용할 수 있는 전략은 이 장의 마지막 부분에 소개되어 있다.

3. 품행장애

다섯 살 된 민주는 다른 사람을 괴롭히는 것을 즐기는 것처럼 보인다. 민주는 놀이터에서 다른 아이들을 못살게 굴며 여러 번 코피를 흘리게도 만들었다. 민주가 나타나면 다른 아이들은 두려워하며 가까이 가려 하지 않는다. 어느 날 교사는 민주가 정글짐 아래에서 다른 아이를 짓누르고 있는 것을 보았다. 다른 날은 학급에서 키우는 생쥐가 꼬리가 잘려진 채 우리에서 발견되었다. 교사는 누가 그랬는지 모르지만 민주를 의심하였다. 민주는 고의적으로 다른 아이들의 장난감이나 작품을 부수며 다른 아이들을 울게 만들고도 미안해하거나 개의치 않는 것처럼 보인다. 민주는 자기가 잘못한 것이 명백해도 절대로 잘못을 시인하지 않는다. 교사는 민주의 행동이 조금도 개선되지 않는 것으로 여기며 또 민주가 무슨 생각을 하는지 알지 못하며 민주를 염려하면서도 약간은 두렵기도 하다.

1) 전형적인 증상

품행장애 아동은 끊임없이 다른 사람이나 동물을 괴롭히고 의도적으로 타인의 재산을 파괴하고 거짓말을 하며 중요한 규칙을 무시하는 특징을 보인다. 일반적으로 품행장애 아동은 자신이 피해를 준 아동에 대해 동정과 염려를 하지 않는 비행아동으로 표현된다. 품행장애는 여아보다 남아에게 더 많이 나타난다. 품행장애는 4, 5세경에 일찍 몇 가지 증상을 보일지라도 청소년 초기가 될 때까지 진단하지 않는 것이 일반적이다. 유아는 품행장애의 모든 증상을 보이기에는 물리적인 힘, 인지적 발달 및 성적 성숙면에서 부족하다. 어릴 때 반항성장애 진단을 받았던 아동이 청소년기에 품행장애 진단을 받는 경우도 있다(DSM-IV-TR). 그러나 반항성장애 진단을 받은 아동이 반드시 품행장애로 발전하지는 않는다.

품행장애의 전형적인 증상은 다음과 같다(DSM-IV-TR) :

- 괴롭히기, 협박하기, 신체적인 싸움 걸기, 무기 사용하기, 신체적으로 잔혹하거나 성적 행동 강요하기를 포함하는 사람과 동물에 대한 심각한 공격성
- 방화 및 물건 파손하기를 포함하는 고의적인 타인의 재산 파괴
- 사기, 거짓말, 가게를 부수고 들어가 물건 훔치기는 포함되나 사소한 거짓말을 하거나 다른 아이의 장난감을 빼앗는 것은 해당되지 않음
- 가출하기, 밤새 배회하기, 무단결석하기 등의 심각한 규칙위반은 포함되나 화가 났을 때 문을 쾅 닫거나 자기 방 정리를 하지 않는 것과 같은 버릇없는 행동은 해당되지 않음

유아의 경우에는 진실과 거짓, 사유 재산, 도벽에 대한 이해가 발달하고 있는 중이므로 이런 증상 중의 일부는 거의 적용되지 않는다. 마찬가지로 유아는 가출, 무단결석, 무기 습득 등의 어려운 제한점이 있기 때문에 유아가 품행장애로 진단되는 경우는 거의 없다.

2) 원인

일부 학자들은 반항성장애와 마찬가지로 품행장애로 진단된 아동들은 다른 아동들과 확연히 다르다고 본다. 이 아동들을 더 부정적이고 공격적이며 덜 적응적이도록 만드는 뇌 기능상의 차이가 있다고 본다(Thomas & Chess, 1977; Bates et al., 1991). 즉, 유전적 소인이 있다고 본다. DSM-IV-TR은 반

항성장애와 품행장애 진단을 받은 아동은 가족 중 반항성장애, 품행장애, 반사회적 인격장애, 주의력결핍과잉행동장애나 우울증 진단을 받은 사람이 있거나 약물남용의 경력을 가지고 있을 가능성이 있다고 제시하고 있다.

유전적 요인과 다른 요인들, 즉 빈곤, 폭력, 가족문제, 실직 및 복잡한 일상사와 관련된 만성적인 스트레스 경험 등이 크게 영향을 미칠 것이다. 또한 반항성장애와 품행장애 아동들의 부모는 우울 수준이 높으며, 양육기술에 대한 신념이 부족하고 훈육에 비 일관성을 보이는 경향이 있다. 이러한 요인들은 각각 아동의 행동을 진단 가능한 문제로 악화시키거나 아동의 장기적인 발달에 영향을 미치는 것으로 보인다.

3) 치료와 중재

품행장애 아동의 치료와 중재는 포괄적이어야 하며 부모와 교사를 위한 개별 중재, 즉 장애에 관한 교육, 행동을 다루는 기술훈련 및 학교에서의 아동의 행동 중재와 계획 등과 함께 아동을 위한 개별 중재도 포함해야 한다. 또한 공격적인 행동이 심각하다면 공격성을 조절하는 약물치료를 고려할 수 있다.

4) ADHD, 반항성장애, 품행장애 증상에 대해 유아교육기관에서 사용할 수 있는 전략

부모와 지속적으로 의사소통 하기 부모와 함께 한팀을 이루어 협력할 때 유아는 가장 많이 향상된다. ADHD, 반항성장애, 품행장애의 증상을 보이는 유아는 일관성을 필요로 하므로 교사는 부모와 정기적으로 의사소통 할 필요가 있다. 부모와 의사소통을 시작하고 유지하는 것에 대한 제안은 4장에 제시되어 있다.

애착 발달 돕기 부모 및 교사와의 애착은 다른 모든 중재의 기초가 된다. ADHD, 반항성장애, 품행장애의 증상을 보이는 유아는 각별히 성인들과 친밀하고 긍정적인 관계를 필요로 한다. 매일매일 유아와 일대일로 접촉할 기회를 찾으며 낮잠시간에 등을 쓰다듬으며 자장가를 불러준다. 책상을 옮기는 것과 같은 특별한 일에 교사를 돕도록 부탁할 수도 있다. 유아가 잘 놀고 있을 때 교사가 다가가 잠깐 동안 함께 놀아도 되는지 물어보기도 하고 교사가 진정으로 관심을 가지고 귀 기울이고 있음을 유아가 알도록 적극적인 경청을 사용하는 것이 좋다. 적극적인 경청에 대한 설명은 3장에 제시되어 있다.

유아의 감정을 반영하고 읽어주기 감정을 이해하는 것은 유아를 긍정적인 방법으로 대하기 위한 첫 단계이다. 예를 들면, 민호가 놀잇감을 던지려고 할 때 "민호야, 화가 났구나. 하지만 여기에선 놀잇감을 던져선 안 돼. 왜 그렇게 화가 났는지 말해 줄 수 있겠니?" 라고 말한다.

유아에게 우호적인 환경 만들기 충동적이고 폭발적이며 화를 잘 내고 고집이 세며 산만한 유아는 구조화되어 안내가 잘 되어 있고 지지적인 환경이 필요하다. 명확하고 일관성 있는 규칙을 만들어야 하며 규칙은 자주 검토하고 쉬운 용어로 써야 한다. 무엇을 해야 하는지 상기할 수 있도록 벽에 사진이나 그림을 붙여두는 것이 좋다. 예를 들면, 간식테이블 옆에 자신이 흘린 것을 닦고 있는 유아의 사진을 붙여둔다.

문제상황에 대처하는 방법에 대한 역할놀이 하기 예를 들면, 집단놀이 시간에 '미안합니다' 와 같은 이어받기 게임을 할 수 있다. 유아를 가까이 밀착시켜 둥글게 앉히고 한 유아의 이름을 불러서 원 가운데로 나오게 한 다음, 남은 유아들 중 한 명에게 가서 '미안합니다' 라고 말하게 한다. 앉아 있던 그 유아는 서 있는 유아에게 자리를 내주고 일어나 원 안으로 들어온다. 이렇듯 유아교육기관에서 사회적 기술을 연습하는 놀이를 자주 하면 모든 유아들이 동일한 사회적 언어를 사용하는 데 도움이 된다.

스트레스 줄이기 벽면의 장식을 줄이고 놀잇감은 깔끔하게 상자에 보관한다. 배경음악은 계속 틀어놓지 않아야 하며 교실에 조용한 공간을 만들어 유아가 흥분하고 힘들어 할 때 쉴 수 있게 하는 것이 좋다. 이 공간은 확실하게 분리되도록 칸막이를 하고 부드러운 쿠션과 안을 수 있는 놀잇감을 놓아 두며 유아가 흥분했을 때 사용할 수 있도록 안내한다.

활동전이에 어려움을 보이는 유아에게 시작하기 전에 한번 더 알려주기 일과 중에 변화가 있을 때 미리 예고해 주어야 하며, 유아가 하고 있던 활동과 어떻게 다르고 어떤 일이 일어날지 이야기해 주는 것이 좋다.

학습에 대한 유아의 개별적인 요구 지원하기 유아가 현재의 발달수준보다 약간 높은 기술이나 새로운 과제를 완성하는 데 도움을 줄 필요가 있다. 유아의 기술 수준보다 너무 높은 수준의 기술을 요구하지 않도록 주의해야 한다. 좌절은 유아를 흥분하게 만들 수 있기 때문이다.

적절하게 대응하기 특별히 극도로 적대적이고 반항적인 유아는 학급 구성원과 유아의 안전을 위해 꼭 필요한 규칙을 정하고 사소한 문제로 부딪치지 않도록 해야 한다. 유아에게 무엇을 하라고 말했다면 그것을 완성하도록 계속 도움을 주어야 한다. 유아에게 간식 접시를 치우도록 요구했으나 수행하지 않을 때 그대로 내버려 두게 되면 교사의 다음 지시도 무시해도 됨을 인정하는 것이 된다.

긍정적인 행동 인정하기 부정적인 행동을 제거하기 위한 가장 효과적인 방법 중의 하나는 유아의 긍정적인 행동이 시도에 그치거나 완성되지 못하더라도 의식적으로 이를 인정하는 것이다. 매일매일 유아의 성취에 대해 반드시 일지를 쓰고 일과를 마치는 시간에 유아에게 다시 한번 알려주어야 하며 주말에는 성공 사례를 모은 일지를 부모에게 보내는 것이 좋다. 지시를 할 때도 교사가 무엇을 원하며, 유아가 어떻게 하면 성취할 수 있는지 이해하도록 도와준다. 예를 들면, “테이블 위에 네가 사용한 지저분한 접시를 내버려두지 마”라고 하는 대신 “네 접시와 컵을 싱크대에 갖다 두어라. 그러면 넌 자유놀이를 할 수 있단다”라고 말하는 것이 좋다.

기본적인 사회적 기술 가르치기 반항성장애나 품행장애의 증상을 보이는 유아는 종종 다른 사람과 적절하게 상호작용하는 것을 어려워한다. 이런 유아들에게 비구어적 의사소통을 이해하는 법, 놀이에 들어가고 나가는 법 및 차례를 기다리고 다른 사람의 말을 경청하는 법을 가르쳐야 한다. 대·소 집단모임 시간에 인형으로 시범을 보여주고 다른 유아와 간단하게 상호작용을 연습할 수 있는 기회를 주어야 한다. 실내활동이나 바깥놀이 시간에 아동에게 가르칠 기회를 만들 수도 있다. 유아가 다른 유아의 놀이에 참여하려고 할 때 가까이 다가가서 놀이에서 일어나고 있는 것에 관해 이야기해준다. “주영이가 지금 블록이 필요하구나. 주영이는 네가 블록을 갖다 주길 바라고 있어. 네가 블록을 주영이에게 갖다 주었구나. 음, 너는 주영이에게 네가 만든 걸 보여주고 싶구나. 주영아, 인호가 만든 걸 봐”라고 말해줄 수 있다. 일어나고 있는 일에 대해 이야기할 때 어떻게 해야 하는지 촉구하며 시범을 보일 수 있고, 교사는 유아가 이러한 과정을 반복함으로써 다른 유아와의 상호작용에 더 책임감을 가지도록 격려할 수 있다.

자기조절을 증진시키는 즐거운 활동하기 ‘얼음 땡’과 ‘빨간불, 초록불’과 같은 게임을 소개한다. 대근육에서 소근육 기술로의 전환이 요구되는 활동을 하는 것이 좋다. 예를 들면, 장애물 코스를 만들고 유아가 빨리 달려가서 구멍에 못을 끼우고 다시 달려가서 블록을 노끈에 끼우는 것이다. 속도에 변화를 주는 게임, 즉 공을 빨리 굴렸다가 천천히 굴리는 게임을 할 수 있으며 노래 부르기도 크게 불렀다가 부드럽게 부르기를 반복하는 방법으로 수행할 수 있다.

분노나 공격성을 다루는 지침 사용하기 보다 자세한 제안은 양극성장애 유아를 위해 유아교육기관에서 할 수 있는 전략을 참고하면 도움이 된다.

- 유발요인을 찾아라.
- 행동이 악화되기 전에 유아를 진정시키는 데 도움이 되는 방법을 찾아라.
- 격한 감정을 진정시키도록 도와라.
- 유아가 평정심을 찾고 난 뒤에 유아와 함께 그 상황에 대해 이야기하라.

교사나 유아 자신 및 다른 유아가 다칠 수 있는 극도로 염려되는 상황이 아니라면 유아에게 신체적으로 제재를 가해서는 안 된다. 유아들은 어리기 때문에 교사가 신체적인 제재를 하지 않고도 의자나 놀잇감을 던지는 등의 공격적인 행동도 다룰 수 있다. 일단 유아를 조용하고 안전한 공간으로 이동시키고 교사가 몸으로 출입구를 차단할 필요가 있다.

10장

전반적발달장애

전반적발달장애는 자폐장애, 아스퍼거장애 그리고 달리 분류되지 않는 전반적발달장애가 가장 흔하다. 달리 분류되지 않는 전반적발달장애는 사회적 기술과 의사소통에서 심각한 지체를 보일 때 진단되지만 자폐장애나 아스퍼거장애의 기준과 완전히 일치하지는 않는다. 달리 분류되지 않는 전반적발달장애의 특성은 자폐장애나 아스퍼거장애와 유사하고, 렛트장애와 소아기붕괴성장애는 아주 드물게 나타나므로 여기서는 별도로 설명하지 않는다.

1. 자폐장애

이제 두 살이 된 민수는 아직 단어를 사용하지 못하고 때로는 자신이 원하는 것이 있을 때 손으로 가리키거나 징징거리는 소리를 낸다. 줄곧 교실의 한 장소에 머무르고 같은 장난감을 가지고 몇 번이고 되풀이하여 놀이한다. 청력에 문제가 없지만 다른 사람이 부르는 소리에 반응을 보이지 않는다. 교사는 민수의 주의를 끌기 위해 항상 가까이 다가가서 몸을 건드려야 한다. 다른 또래가 함께 놀이하려고 하거나 자기 장난감을 건드릴 때 민수는 울고 심하게 화를 낸다. 민

수는 자주 눈 맞춤을 하지 않고 교사나 다른 또래들에게 관심을 갖지 않는다. 그리고 놀이터에 있는 나뭇조각이나 누군가가 자신을 스치고 지나가는 등 일상적인 일에도 과하게 자극을 받고 흥분한다. 때로는 심하게 넘어져도 마치 아무 일도 없었던 것처럼 다시 일어난다. 민수는 학급의 일과를 따르는 데 어려움을 보이고 일과에 변화가 있을 때는 더욱 그러하다. 대부분 혼자만의 세계에 머물러 있기를 원하는 것처럼 보인다.

1) 전형적인 증상

DSM-IV-TR의 진단기준은 사회적 상호작용, 의사소통 지체, 반복 행동 등 세 가지 주요 영역에 초점이 맞춰져 있다. 유아가 자폐장애로 진단되기 위해서는 이 세 가지 증상을 모두 보여야 하고 어떤 증상은 3세 이전에 나타나야만 한다.

- **사회적 상호작용** 자폐장애 유아는 관계를 맺기가 어렵고 혼자 놀이를 더 좋아하는 경향이 있다. 그리고 자신의 성공감이나 경험을 또래나 성인과 거의 공유하지 않으며 대화나 놀이 초대에도 거의 반응을 보이지 않는다. 그 결과 친구를 사귀지 못한다. 그리고 형제나 자매를 포함한 가족 구성원에게도 흥미를 보이지 않는다. 자폐장애 유아의 가족은 유아가 종종 배고프거나 다쳐서 부모에게 오더라도 다른 아이처럼 안고 흔들고 뽀뽀해주는 것을 좋아하지 않는다고 말한다. 어떤 자폐장애 유아는 자신의 감각적 욕구를 자극하는 거친 행동이나 대근육 활동을 좋아하여 이런 경험을 얻기 위해서 다른 사람들을 찾는다.

- **의사소통 지체** 자폐장애 유아는 심각한 언어 지체를 보인다. 그들 중 절반은 말을 하지 못하지만 언어가 발달된 자폐장애 유아도 대화를 나누는 데 어려움을 보이며 반복해서 같은 말을 한다. 일반적인 눈 맞춤, 표정, 제스처와 같은 비언어적 의사소통을 하지 않으며 그에 대해 반응

을 보이지도 않는다.

- **반복 행동** 자폐장애 유아는 일정한 행동을 반복하는 경향이 있다. 장난감 자동차로 줄을 세우거나 천정의 선풍기를 가만히 응시하기도 하고 손을 털거나 발을 앞뒤로 흔드는 등 독특한 방법으로 몸을 움직인다. 일상적으로 반복되는 활동을 좋아하고 새로운 변화에 대해 매우 흥분한다.

- **다른 증상** 많은 자폐장애 유아는 감각상의 어려움을 가지고 있어 감각적인 자극을 인식하지 못한다. 예를 들면, 자신이 입고 있는 셔츠가 흠뻑 젖은 것에 대해서 잘 인식하지 못하지만 손가락에 물감이 조금 묻었을 때 과하게 흥분하는 것과 같이 지나치게 예민할 수도 있다. 자폐장애 유아는 인지적으로 지체되어 있고 기대되는 신변자립 기술을 발달시키지 못한다. 또한 정상적인 발병률보다 높은 발작장애를 보인다.

전반적발달장애의 주요 증상

자폐장애	아스퍼거장애	달리 분류되지 않는 전반적 발달장애(PDD-NOS)
• 타인에 대한 관심 결핍 • 언어적 · 비언어적 기술의 두드러진 지체 • 장난감을 동일한 방법으로 반복해서 가지고 놀기 • 일상의 변화에 대한 분노 • 반복적인 손 털기와 같은 이상한 신체동작 • 인지발달 및 신변자립 기술의 지체 • 감각적 예민함	• 타인에 대한 관심이 있으나 사회적 기술 부족 • 지나친 발화 • 기초적 언어능력은 가지고 있지만 비언어적 의사소통이나 사회적 언어 사용이 어려움 • 아주 특정한 것에 대한 반복적인 흥미 • 반복되는 일상을 선호	• 사회 · 의사소통 기술의 심각한 지체 • 자폐장애 및 아스퍼거장애의 기준에 완전하게 일치하지 않는 행동의 특징

전반적발달장애와 유사한 다른 증상과 특성

- 초기 애착 관계에서의 문제
- 조절장애
- 신경증장애
- 심각한 언어 지체에서 비롯된 사회 · 인지 발달의 지체
- 듣기 문제
- (주로 아스퍼거장애의 경우에 발생할 수 있는) 지적 우수성과 연합된 기이한 행동

2) 원인

연구자들이 자폐장애에 대해 유전적인 관련성을 의심하지만 정확한 원인은 알려져 있지 않다. 어떤 자폐장애 유아들의 두뇌구조는 일반 유아와 차이가 있음을 보여주는 연구도 있다. 자폐장애는 부적절한 양육에서 기인된 것은 아니다.

3) 치료와 중재

조기 중재는 중요하다. 자폐장애 유아는 많은 전문가들의 전문적 지식을 필요로 한다. 언어치료는 의사소통 지체를 돕기 위해 필요하고 물리치료와 작업치료는 감각문제(과하게 예민하거나 둔감한 것)와 신변자립 기술의 발달을 위하여 필요하다. 전문적인 정신건강 지원은 종종 유아와 가족 모두에게 권장된다. 부모뿐만 아니라 교사도 자폐장애를 이해하고 적절한 기대와 훈련 등 가정과 교육기관에서 유아의 발달을 지원하기 위하여 해야 할 일에 대해 배워야 한다. 자폐장애 유아는 다른 사람과 관계맺는 것을 배우기 위해 개별/집단 중재를 필요로 한다. 소아정신과 의사인 Stanley Greenspan에 의해 개발된 가정에서의 중재활동인 '마루놀이(Floor Time)'와 Steven Gutstein 박사에 의해 개발된 관계발달중재(RDI)와 같은 심리적 중재는 유아가 다른 사람과 상호작용하고 관심을 확장하며 일상생활의 변화에 보다

융통성을 가지고 문제해결 기술을 발달시킬 수 있도록 돕는 방법을 부모에게 가르쳐준다.

공격성, 자해 및 기질폭발 등과 같은 심각한 증상을 다루기 위해 약물치료가 종종 사용된다. 아직 충분한 연구가 이루어지지는 않았지만 일부 의사들은 비타민, 식이요법 및 보다 실험적인 접근 등 부가적인 중재를 권고하기도 한다.

4) 유아교육기관에서 사용할 수 있는 전략

부모와 지속적으로 의사소통 하기 교사와 부모가 한팀을 이루어 협력할 때 유아는 가장 많이 향상된다. 자폐장애 유아에게는 일관성이 필요하므로 교사는 부모와 정기적으로 의사소통 할 필요가 있다. 부모와 의사소통을 시작하고 유지하는 방법에 대한 제안은 4장에 제시되어 있다. 교사의 걱정을 이해하고 자녀를 위해 더욱 노력하도록 부모를 격려해야 한다. 정확한 진단과 조기 중재는 매우 중요하므로 교사는 유아를 자폐장애나 아스퍼거장애로 진단하거나 추측하기보다 자신이 우려하는 바를 정확하게 부모에게 알려야 한다. 예를 들어, "민수는 말을 더 많이 해야 돼요. 종일 혼자서 구슬 끼우기 놀이만 해요" 라고 말하는 것이다. 부모는 가정에서도 유사한 행동을 보인다고 말하지만 자녀가 예정된 발달을 보이지 않는다는 사실을 알지 못할 수도 있으므로 교사의 걱정을 가족과 함께 의논하는 것은 조심스러운 일이며 오랜 과정이 될 수 있다. 대부분 가족은 자녀가 자폐장애로 진단되는 것을 거부한다. 그것은 매우 고통스럽고 수용하기 어려운 진단명이기 때문이며 진단을 받고 나면 가족들은 일정한 기간 동안 죄책감과 슬픔을 겪은 후 적응해 가게 된다.

진단을 받으면 치료팀과 중재과정에 적극적으로 참여하기 특히 종일제 프로그램에 다니는 유아의 경우는 중재과정에서 교사의 적극적인 참여가 필요하다. 교사는 유아교육기관에서 사용될 유아에게 맞는 전략을 개발하기 위해 치료팀과 함께 협력해야 한다.

유아의 사회적 기술발달에 초점 맞추기 교사는 가능한 많은 일대일의 상호작용과 소집단 활동을 유아에게 제공해야 한다.

분명하고 일관된 제한과 규칙적인 일상이 포함된 구조화된 환경 제공하기 규칙적인 일상을 제공하는 것은 유아의 예측능력 발달에 도움이 된다. 특히, 전이시간임을 알게 해주는 특정한 일상활동을 개발해야 한다. 그 일상활동이 바뀌거나 충분히 수행되지 않으면 쉽게 과잉자극화와 기질폭발을 야기한다.

의사소통 하도록 유아에게 격려하기 예를 들어, 교사가 유아에게 무엇인가를 주기 전에 유아가 제스처, 소리 또는 단어로 말하도록 요구해야 하며 유아에게 끊임없이 언어를 사용하고 유아의 말을 반복해야 한다. "빨간 물감으로 그리고 싶니? 아니면 파랑 물감으로 그리고 싶니?" 와 같은 언어적 반응을 할 수 있는 선택형 질문을 해야 한다. 유아가 의사소통을 시도할 때 긍정적인 강화를 해야 한다.

유아가 다른 사람과 상호작용하도록 격려하고 돕기 교사는 유아에게 눈 맞추기와 같은 간단한 것부터 시작할 수 있다. 교사는 자신의 얼굴이나 눈 가까이에 유아가 필요로 하는 물건을 놓고서 그것을 가져가기 전에 교사와 눈을 맞추게 할 수 있다. 또한 유아와 마주앉아 공을 굴려서 주고받는 등 상호작용이 요구되는 활동을 하도록 격려해야 한다.

감각적 예민함이나 감각적 욕구를 보일 때 적절한 중재 제공하기 6장의 조절장애와 관련된 유아교육기관에서의 전략을 참고하면 보다 자세한 내용을 알 수 있다.

유아의 관심거리 만들어주기 매일 유아와 일대일로 놀이하는 시간을 따로

계획해야 한다. 한동안 아무것도 하지 않고 자동차 줄 세우기만 하더라도 교사가 함께 있는 것에 유아가 편안함과 안전감을 느낄 때까지 유아의 놀이 주도에 따라가다 보면 그러면 유아와 상호작용할 수 있는 기반이 마련된다. 그런 후 유아의 관심을 확장시키는 작은 변화를 주어야 한다. 예를 들면, 차를 유아와 다른 방법으로 움직이거나 소리를 내거나 다른 장난감을 추가하는 것이다. 유아가 잠시라도 자동차를 앞뒤로 움직여 보도록 격려해야 한다.

2. 아스퍼거장애

다섯 살 된 유빈이는 기차에 대해 끊임없이 이야기한다. 유빈이는 또래와의 놀이보다 자신의 혼잣말을 잘 들어주는 성인과 이야기하는 것을 좋아하지만, 다른 또래들의 놀이에 들어가는 방법이나 대화하는 방법을 알지 못한다. 또래들은 유빈이가 항상 같은 놀이하기를 원하고 자신들의 제안을 알아차리지 못하기 때문에 유빈이와 함께 놀이하기를 거부한다. 그리고 유빈이는 매우 직접적이고 분명하게 말해 주지 않으면 사람들이 자신에게 말하고자 하는 바를 이해하지 못하는 것 같다. 자신만의 반복되는 일상과 질서를 좋아하고 만약 다른 사람이 변화를 시도하거나 방해하면 화를 낸다. 자신이 다르다는 것은 알지만 그 역시 친구를 사귀기 원한다. 그러나 유빈이는 사람들이 어떻게 친구를 사귀는지는 이해하지 못한다.

1) 전형적인 증상

정신건강 전문가들은 아스퍼거장애가 자폐장애와 다른 것인지 또는 고기능 자폐장애의 한 형태인지에 대하여 서로 다른 의견을 보인다. 아스퍼거장애에 대한 진단기준은 자폐장애와 유사하지만 몇 가지 중요한 다른 점이 있다(DSM-IV-TR에서 번안).

• 자폐장애 유아와 같이 사회적 상호작용에서 어려움을 보인다. 그들은

몸짓언어를 알아차리거나 진행 중인 놀이에 들어가고 활동을 함께하는 방법을 배우는 데 시간이 많이 소요된다. 그러나 자폐장애 유아와는 달리 아스퍼거장애 유아는 다른 사람에게 흥미가 있고 친구 사귀는 방법을 알고자 한다.

- 보통 의사소통에 지체를 보이지 않는다. 어휘와 문법은 그들의 연령에 적절하다. 그러나 의사소통의 양은 적고 일방적인 경향이 있어 주고받는 대화를 하지 못한다. 자신이 흥미 있어 하는 주제에 대해 다른 사람이 흥미를 잃거나 그 대화를 이미 끝냈다는 것을 깨닫지 못한 채 장황하게 이야기한다.
- 자폐장애 유아처럼 특이한 흥미를 발달시키고 규칙적인 일상과 습관을 선호한다. 그러나 자폐장애 유아보다는 자신의 흥미를 다른 사람과 공유하고자 한다.
- 자폐장애 유아처럼 감각통합의 어려움을 가지기도 한다.
- 인지발달이나 자신을 보호하는 신변자립 기술에서는 지체를 보이지 않는다. 실제로 많은 아스퍼거장애 유아는 천부적인 지적 재능을 갖고 있다.

2) 치료와 중재

아스퍼거장애 유아에 대한 조기 중재는 매우 중요하고 여러 가지 치료가 필요할 수 있다. 언어치료를 통해 다른 사람과 어떻게 이야기하는지를 배울 수 있다. 주고받는 대화와 몸짓언어를 읽어내는 방법을 배우기 위해 코칭, 교수 및 연습이 필요하며 만약 감각문제나 협응문제를 가지고 있다면 물리치료와 작업치료가 필요하다. 정신건강 전문가는 유아뿐 아니라 가족에게도 필요한데, 부모는 유아의 발달을 지원하기 위해 아스퍼거장애에 대해 배워서 가정에서 할 수 있는 것들을 알아야 한다. 유아에게 사회적 기술과 정서조절을 가르치기 위해 개별 또는 집단 중재가 필요하다.

3) 유아교육기관에서 사용할 수 있는 전략

부모와 지속적으로 의사소통 하기 부모와 교사가 팀을 이루어 협력할 때 유아는 가장 많이 향상된다. 아스퍼거장애 유아에게는 일관성이 필요하므로 교사는 부모와 정기적으로 의사소통 할 필요가 있다. 부모와 교사가 의사소통을 시작하고 유지하는 방법에 대한 제안은 4장에 제시되어 있다.

사회적 상호작용을 위한 기회와 도움 제공하기 교사는 놀이에 들어가고 나오기, 차례 지키기, 다른 사람의 말에 귀 기울이기와 같은 기본적인 것을 가르쳐야 한다. 아스퍼거장애 유아가 다른 사람의 관점을 이해하고 상호작용 과정에서의 암묵적인 규칙을 배우도록 도와야 한다. 예를 들면, 다른 사람과 상호작용할 때 어느 정도의 거리를 두고 있어야 되는지, 언제 다른 사람에게 신체접촉을 해도 되는지, 그리고 또래들이 자신과 했던 놀이나 이야기를 언제 끝내는지를 알아차리는 법을 배우는 것 등이다. 교사의 가르침이 구체적이면서 간단하고 단계적일 때 가장 효과적이다. 교사는 이야기 나누기 시간에 사회적 기술의 증진을 목적으로 이러한 내용을 포함시킬 수 있다. 자유놀이와 같은 중요한 활동시간에 일대일의 중재가 필요할 수 있으며 사회적 상호작용이 활발한 활동시간에 유아와 가까이 있으면서 언어적 지시와 지원을 할 수 있도록 계획해야 한다.

자폐장애 유아와 같이 아스퍼거장애 유아는 소집단 활동, 개별적인 관심, 분명하고 일관적인 예측 가능한 일상과 기대가 도움이 된다.

감각적 예민함이나 감각적 욕구를 보일 때 적절한 중재 제공하기 6장의 조절장애와 관련된 유아교육기관에서의 전략을 참고하면 보다 자세한 내용을 알 수 있다.

11장

수면 · 섭식 · 배설장애

영아기에서부터 취학 전까지의 일반적인 발달단계에 있는 아이들은 규칙적인 수면과 식사 패턴을 배우게 된다. 예를 들어, 영아는 배가 고프고 부를 때를 알고 밤새 잠을 자는 습관이 시작되고 배변훈련도 성공적으로 완료되어야 한다.

유아가 혼자서 잠들거나 낮 동안 배변실수를 하지 않게 되는 적절한 연령을 규정하려면 문화적인 기대를 알 필요가 있다. 어떤 가족은 매우 어린 시기에 유아가 혼자서도 배변처리를 잘 하도록 요구하는 반면에, 다른 가족은 유아가 그것을 스스로 배울 때까지 기다려 준다. 많은 문화권에서 유아는 부모와 함께 잠을 잔다. 어떤 가족은 최소한 3세가 될 때까지는 함께 자야 한다고 생각을 하지만 출생 후 1개월이 되기 전에 아기를 아기 방의 요람에 재우는 가족도 있다.

이와 같이 문화적 규준의 요구가 다를지라도 유아는 그들 자신의 발달 시간표에 따라 발달해 간다. 40주를 다 채우고 태어난 영아는 생후 2개월이 되면 밤에 잠을 잘 자는 반면, 조산한 영아는 6개월이 되어도 밤에 젖을 먹기 위해 잠에서 깬다. 어떤 영아는 고체 음식물을 주는 첫날부터 적응을 잘하는 반면, 다른 영아는 몇 개월 이상 그것을 뱉어낸다. 또한 어린이용 변기에 앉아 기다리지 못하는 영아가 있는가 하면, 변기 사용에 쉽게 적응하여 부모를 힘들게 하지 않는 영아도 있다. 이러한 모든 것들이 정상적인 발달의 다양성이다.

모든 유아가 일반적으로 기대되는 수준의 수면, 섭식 및 배설을 조절하는 기술을 배우는 것은 아니다. 어떤 유아는 한 영역 또는 두 가지 영역 이상에서 발달이 지체되는 장애를 경험한다.

수면 · 섭식 · 배설장애 증상

수면장애	섭식장애	배설장애
• 잠들기 어려움 • 혼자서 잘 수 없음 • 자주 깸 • 밤중에 일어나 자주 부모의 침대로 감 • 악몽 • 야경증 • 몽유병	• 성장에 충분한 음식을 먹지 않음 • 몸무게 감소 • 음식에의 흥미 결여 • 식사시간에 격한 감정 표현 • 음식에 매우 까다로움	• 부적절한 장소나 시간에 대소변 실수(대변은 최소 4세, 소변은 최소 5세인 경우)

수면 · 섭식 · 배설장애와 유사한 다른 증상과 특성

- 초기 애착 관련문제
- 의학적 문제
- 약물치료의 부작용

수면 · 섭식 · 배설의 어려움은 다른 장애의 징후로써 종종 발견된다. 예를 들어 ;

- 기분 혹은 불안장애를 가진 유아는 수면과 섭식에 문제를 가지고 있다.
- 조절장애가 있으면 일반적으로 잠들기가 어려우며 음식에 대한 혐오감을 보인다.
- 악몽장애와 수면 중 경악장애는 외상후스트레스장애와 양극성장애 유아에게 일반적으로 나타난다.
- 배설문제는 발달에 퇴행을 가져오는 외상후스트레스장애가 있는 유아 혹은 신체나 성적 학대를 받은 유아에게 자주 나타난다.
- 조절장애 혹은 아동기 정신분열증인 경우 부적절한 배변 행동을 보인다.

1. 수면장애

네 살인 지태는 지난 2주 동안 낮잠시간에 비명을 지르면서 자주 깨어났다. 지태는 괴물과 무서운 일을 이야기하면서 교사가 안아서 안심시켜 주기를 원하였다. 그 후로 지태는 너무 두렵고 무서워서 낮잠 자기를 거부하고 낮잠시간이 되면 잠을 자지 않으려고 교실 주위를 배회하는 문제를 가지게 되었다. 지태는 이러한 문제로 매일 지쳐 있었고 신경과민과 까다로움이 점점 심해졌다.

1) 전형적인 증상

대부분의 영아는 1세경에 규칙적인 수면 패턴을 가지므로 1세 이전에 수면장애 진단은 흔하지 않다. 심리학자들은 독특한 증상을 가진 매우 다양한 수면장애가 있음을 알아냈다. 다음은 DSM-IV-TR과 DC: 0-3R에서 번안한 수면장애의 진단명과 그 증상이다.

- **수면 중 경악장애** : 유아는 밤마다 두려움으로 비명을 지르며 일어난다. 몸이 땀으로 젖어 있고 심장이 두근거리고 있다. 유아는 '일어나' 있지만 실제로 잠에서 깨어난 것은 아니다. 수면 중 경악장애가 나타나는 동안 유아를 달래기란 쉬운 일이 아니다. 대부분의 경우 깨어나면 그 일에 대하여 기억하지 못한다.

- **악몽장애** : 유아는 간혹 악몽 때문에 깨어난다. 일반적으로 안전과 생존을 위협하는 악몽은 아동이 기억할 수 있다는 점에서 수면 중 경악장애와는 다르다. 유아는 악몽에서 깨어난 후 경계를 하면서도 대개는 마음을 진정시켜 주는 활동으로 안정을 찾는다.

- **수면 중 보행장애** : 밤에 일어나 침대에서 내려와 주위를 걸어 다닌다. '일어나' 있지만, 실제는 수면 중이다. 간혹 누구에게 반응하기도 하지만 다음 날 아침에는 그 사건을 기억하지 못한다.

- **호흡 관련 수면장애** : 호흡에 어려움이 있는 유아는 수면을 지속하는 데 문제를 가진다. 수면 무호흡은 이러한 장애의 한 원인이다. 또 다른 원인은 심한 천식처럼 호흡이 얕고 느리며 산소 및 이산화탄소 수준이 현저히 낮은 의학적인 문제일 수도 있다. 이런 유아는 충분한 수면을 취하지 못하기 때문에 일반적으로 매우 지치고 에너지가 부족하게 된다.

- **수면곤란장애** : 유아가 잠들기 매우 어렵거나 자다가 자주 깨는 경우를 포함한다. 먼저 잠들기 어려운 유아는 누군가가 자기 옆에 있어주기를 자주 요구한다. 방에 아무도 없으면 잠이 들기 전까지 몇 번이나 반복해서 누군가를 부른다. 유아가 이러한 장애로 진단되기 위해서는 최소한 4주 동안 1주일에 5일은 밤마다 이러한 문제가 일어나야 한다.

  또한 수면 중에 자주 깨는 유아는 자기 방으로 사람을 부르며 다시 잠들 때까지 누군가 자신의 방에 머물거나 부모의 침대에서 같이 자기를 요구한다. 이러한 장애로 진단되기 위해서는 적어도 4주 동안 1주일에 5일은 밤마다 이러한 문제를 보여야 한다.

2) 원인

이러한 많은 장애의 정확한 원인은 알려져 있지 않지만 여러 연구에서 일반적으로 다음과 같이 제시한다.

- 수면 중 경악장애와 수면 중 보행장애는 가족력이 있는 경우 유전적 요인이 원인일 가능성을 시사한다.
- 수면 중 경악장애는 양극성장애를 가진 유아에게 흔하지만 다른 유아들에게도 나타날 수 있다.
- 악몽장애는 심각한 외상 혹은 스트레스를 경험한 유아에게 흔하다. 외상을 경험하지 않은 경우에도 악몽장애를 가질 수 있다.
- 수면곤란장애는 대부분 수면에 대한 양육 실제나 기대와 관련이 있다.

3) 치료와 중재

수면장애를 가진 유아를 돕는 방법은 수면장애의 유형에 따라 다양하다.

- **수면 중 경악장애와 수면 중 보행장애** : 치료와 중재의 초점은 특히 잠자리에 들기 바로 직전에 유아의 스트레스와 불안을 감소시키는 데 있다. 전략으로는 규칙적인 취침시간을 정하고 저녁에 무서운 비디오를 보거나 소리 지르거나 싸우는 것을 피하도록 한다. 필요하다면 우울과 불안을 줄이는 약물치료를 고려하기도 한다.

- **악몽장애** : 악몽장애는 대부분 외상 혹은 스트레스의 결과이기 때문에 유아와 가족은 종종 개별 치료와 가족치료가 모두 필요하다. 아마도 약물치료는 악몽과 연합된 불안, 우울, 또는 관련된 고통을 감소시키는 처방이 될 것이다.

- **수면곤란장애** : 이 장애는 부모의 양육태도 변화에 따라 그 효과가 달라진다. 그러므로 부모교육은 물론 부모치료도 받을 필요가 있다. 부모들에게는 종종 이런 변화들을 수용하는 것이 힘들 수도 있으므로 지속적인 지원과 격려가 필요하다.

4) 유아교육기관에서 사용할 수 있는 전략

부모와 지속적으로 의사소통 하기 유아와 관련된 성인과 부모가 한팀을 이루어 협력할 때 유아는 가장 많이 향상된다. 수면장애 유아에게는 일관성이 필요하므로 교사는 부모와 정기적으로 의사소통 할 필요가 있다. 부모와 의사소통을 시작하고 유지하는 방법에 대한 제안은 4장에 제시되어 있다.

낮잠시간을 일관되게 지키기 매일 같은 시간에 규칙적으로 유아가 낮잠을 자게 하고 항상 같은 순서로 행한다. 예를 들어, 먼저 기저귀를 갈고 덧신을 벗기고 다음에 손을 씻겨 매트 위에 눕히고 이불을 덮어준다. 유아가 잠자기 시작하여 깨어날 때까지 동일한 환경을 유지한다. 예를 들어, 유아를 잠들게 하기 위해 교사가 음악을 들려주었다면 일어날 때까지 음악을 틀어 놓는다. 유아가 잠들 때 불을 켜 두었다면 깨어날 때에도 불을 켜 둔다. 낮잠시간 동안 시끄러운 대화 혹은 큰소리는 피한다. 침구와 실내의 온도를 편안하게 유지한다.

유아가 이완되도록 도와주기 수면장애를 가진 유아는 특별한 주의를 필요로 한다. 유아를 잡아주거나 흔들어주고 등을 쓰다듬고 머리카락을 만져주거나 혹은 가까이 앉아서 조용히 잠들 수 있도록 한다. 어떤 유아는 노래나 안심시켜 주는 부드러운 말에 잘 반응한다. 교사는 분명 "너는 여기 있으면 안전해. 나는 계속 여기에 있을거야. 잠들어도 괜찮아" 라고 한다. 유아가 교사의 팔에서 잠들도록 하지 말고 대신 긴장을 풀고 졸릴 즈음에 요람, 매트, 혹은 간이침대로 유아를 옮긴다. 이런 방법은 유아 스스로 마지막 수면단계를 가질 수 있게 한다. 완전히 잠들 때까지 교사가 유아를 안고 있는 것은 유아가 마지막 수면단계를 교사에게 의존하도록 가르치는 것이 된다.

개인적인 수면욕구를 존중하기 대부분의 유아가 낮 동안에 조용히 잠자는 시간을 필요로 하지만 어떤 유아는 그렇지 않다. 특히 취학 직전의 유아들은 더욱 그러하다. 유아가 낮잠을 원하지 않는다면 조용히 누워 책을 읽을 수 있게 한다.

2. 섭식장애

다섯 살 난 영미는 늘 마른 상태였다. 그러나 최근에 몸무게가 더 줄어드는 것처럼 보인다. 영미는 배고파하지도 않고 음식 접시에 손을 대지도 않는다. 교사가 맛있는 음식을 제공하여 먹도록 권해도 흥미를 보이지 않는다. 영미는 집에서도 이렇게 하기 때문에 영미 어머니는 곧 의사에게 데려갈 것이라고 말했다.

1) 전형적인 증상

다음은 DSM-IV-TR과 DC: 0-3R에서 번안한 섭식장애의 증상이다.

- **이식증** 이식증 유아는 음식이 아닌 것을 먹는다. 예를 들어, 페인트, 플라스틱, 줄, 머리카락, 동물의 똥, 낙엽, 곤충, 모래 혹은 조약돌 같은 것을 먹는다. 장애로 진단되는 행동은 다음과 같다.
  - 한 달 이상 특이한 섭식 패턴을 보인다.
  - 특이한 섭식 패턴은 유아의 발달 연령을 고려하여 판단해야 한다. 18개월 이전에는 음식이 아닌 것을 먹는 일이 흔하지만 이런 행동이 아주 심각하면 영아의 경우에도 이식증 진단이 고려된다.

- **반추장애** 반추장애를 가진 유아는 음식을 구강 내로 역류시켜 다시 씹는 일이 한 달 이상 지속되는 경우이다. 이러한 장애로 진단되기 위해서는 역류와 같은 신체적인 문제가 그 원인이 아니어야 한다.

- **영유아기 섭식장애** 충분한 음식을 제공하여도 성장에 필요한 만큼 먹지 않아서 기대되는 체중에 도달하지 못하며 심지어 체중이 줄기도 한다. 장애로 진단되기 위해서는 역류 혹은 구개파열과 같은 의학적인 문제가 그 원인이 아니어야 한다.

- **상태조절 문제로 인한 섭식장애** 이런 영아들은 수유시간에 너무 졸리거나 흥분되고 스트레스를 받아 조용히 젖을 빠는 데 집중할 수 없어서 충분히 젖을 섭취하지 못한다. 영아가 이러한 장애로 진단되기 위해서는 태어날 때부터 섭식문제가 있었고 기대되는 만큼 체중이 증가하지 못하거나 체중이 감소해야 한다.

- **부모-영아 상호성 문제로 인한 섭식장애** 이러한 영아는 일반 영아들과는 달리 수유하는 동안 눈 맞춤, 미소 그리고 옹알거림과 같은 부모와의

상호작용이 없다. 이러한 장애의 진단은 영아의 체중이 기대에 미달해야 하며 상호작용의 결핍이 시각장애 혹은 자폐장애와 같은 문제에 의한 것이 아닐 때 내려진다.

- **영아기 식욕부진** 이러한 영아는 적당한 양의 음식도 거부한다. 음식에 흥미를 보이지 않고 배고프다고 말하지도 않는다. 장애로 진단되기 위해서는
  - 3세 이전에 시작되어야 하며,
  - 최소한 1개월 동안 지속되어야 하고,
  - 기대되는 몸무게에 미달되어야 하며,
  - 다른 의학적인 증상이나 외상의 결과가 아니어야 한다.

- **특정 음식 혐오증** 이러한 유아는 특별한 맛, 외형적 모양, 혹은 특정한 냄새의 음식을 거부한다. 익숙한 음식은 먹는 데 새로운 것은 거부한다. 장애로 진단되기 위해서는 이런 문제가 유아에게 영양결핍이나 구강운동 발달지체를 야기해야 한다.

- **의학적 질환 관련 섭식장애** 먹는 것에 관심은 보이지만 먹을 때의 괴로움 때문에 먹기를 거부한다. 배가 고플 때도 먹기를 거부한다. 장애로 진단되기 위해서는
  - 먹는 것을 고통스럽게 하는 위산 역류와 같은 진단된 질환이 있으며,
  - 의학적 질환을 치료하는 중에도 문제가 계속되며,
  - 기대되는 체중 증가에 실패하거나 체중이 감소해야 한다.

- **위장계통의 손상과 관련된 섭식장애** 예를 들어, 포도에 질식되어 심하게 구토를 하거나 위를 세척하는 등 입, 식도, 위, 혹은 장 계통의 힘든 경험을 하기 전까지는 잘 먹었던 경우에 해당된다. 장애로 진단되기 위해서는

– 모든 음식 혹은 어떤 특정한 형태의 음식을 거부하며,
– 섭식 관련 외상을 떠올리는 음식이나 장면에서 매우 당황하고,
– 이 문제가 유아의 건강을 위협하는 경우여야 한다.

성장실패증후군(FTT : failure to thrive)은 이 장애와 관련성이 있다. FTT는 DSM-IV-TR 혹은 DC: 0-3R에서의 진단명이 아니므로 이 장에서 세부적인 설명은 하지 않는다. 그러나 FTT는 연령에 적합한 체중에서 5퍼센타일 이하인 유아와 현저히 체중 감소를 보이는 유아, 예를 들어, 성장 차트에서 연령대별 몸무게의 주요 백분위 선[주]에서 두 칸 이상 떨어진 유아를 포함한다. FTT의 원인은 특정 의학적 문제와 같이 구체적이지만 대부분은 의학적 문제, 발달지체, 부모-유아 관계의 어려움 그리고 가족 스트레스 등이 결합되어 나타난다.

2) 원인

이런 장애의 다양한 원인들은 정확하게 알려져 있지 않지만 일반적으로 다음과 같다.

- 이식증과 반추장애는 비교적 드물다. 일반적으로 정신지체 및 자폐장애로 인한 발달지체와 관련되어 있다.
- 의학적인 질병에 수반된 섭식장애와 위장계통의 손상과 관련된 섭식장애는 의학적인 질병 또는 심리적 외상에 의해 유발된다.
- 상태조절 문제로 인한 섭식장애와 특정 음식 혐오증은 일반적으로 조절장애 유아에게 나타난다.
- 부모–영아 상호성 문제로 인한 섭식장애는 부모–영아 간 유대와 높은 상관이 있다.

역자 주) 성장 차트(growth chart)에서는 각 연령대별 키, 몸무게, 머리둘레 등의 성장상태를 3, 5, 10, 25, 50, 75, 90, 95, 97 퍼센타일(percentile)과 같은 주요 백분위 선을 사용하여 표시한다.

3) 치료와 중재

중재는 특정한 장애의 유형에 따라 다양하다.

- 반추장애는 저절로 없어지기도 한다.
- 이식증은 흔히 유아의 발달적 욕구를 반영한 광범위한 치료와 중재 계획으로 다루어져야 한다.
- 유아가 특정 음식 혐오증을 가질 때, 치료사는 가족이 좀 더 매력적인 음식 만들기 방법을 알도록 도와준다. 어떤 유아는 부드러운 음식과 섞어 줄 때, 다른 유아는 부드럽게 조리한 음식보다 잘게 자른 생과일이나 채소를 줄 때 더 잘 먹기도 한다. 치료사와 부모는 새로운 음식이나 음식의 질감을 유아에게 천천히 소개하는 방법을 찾는 노력도 함께 해야 한다. 유아에게 비타민을 먹일 수 있다면 도움이 될 것이다.
- 의학적인 문제로 먹지 않을 때는 의학 전문가와 정신건강 전문가 모두의 도움이 필요하다. 의사가 의학적인 질병을 치료하는 동안 치료사는 유아가 보이는 장애에 대한 가족의 두려움을 극복하고 유아가 먹는 것을 다시 즐길 수 있게끔 격려하도록 지원한다.
- 심리적 외상 때문에 먹지 않는 유아의 치료와 중재는 일반적으로 심리적 외상과 함께 음식과 관련된 두려움과 정서에도 초점을 둔다.

4) 유아교육기관에서 사용할 수 있는 전략

부모와 지속적으로 의사소통 하기 유아와 관련된 성인과 부모가 한팀을 이루어 협력할 때 유아는 가장 많이 향상된다. 섭식장애 유아에게는 일관성이 필요하므로 교사와 부모는 정기적으로 의사소통 할 필요가 있다. 부모와 의사소통을 시작하고 유지하는 방법에 대한 제안은 4장에 제시되어 있다.

유아의 섭식문제에 대하여 가족이 알고 있는 것을 알아보기 감각적인 민감성 때문에 덩어리 음식에 구역질을 하는 유아와 위 세척 경험이 있는 유아에게는 다르게 반응할 필요가 있다.

성공적이었던 방법과 가정에서 할 일에 대해 부모에게 이야기하기 부드러운 음식과 잘게 썬 음식 중에 유아가 어느 것을 더 좋아하는지에 대해 유아교육기관에서 성공하였던 방법을 부모와 공유한다. 유아가 가족 스타일로 먹었을 때 더 좋아하는지, 요리활동에서 스스로 만든 음식을 더 잘 먹는지 등에 대해 부모와 이야기 나눈다.

매력적인 음식을 제공하고 거절하는 유아를 위해 대안을 찾아보기 예를 들어, 유아가 부드러운 음식만 먹는다면 딱딱한 크래커를 다 먹지는 못하더라도 부드러운 요구르트에 찍어 먹게 하면 좋다.

먹는 것에 대한 힘겨루기를 피하기 먹는 것에 대해 유아에게 강요를 하거나 거래를 하지 않아야 한다. 힘겨루기는 문제를 더 악화시킨다.

3. 배설장애

다섯 살 된 길수는 늘 화가 난 듯 보이고 다른 아이들에게 공격적이다. 그는 교실에서 에너지가 넘치지만 집중하는 데는 많은 어려움을 가지고 있다. 낮잠을 거부하며 교실의 정해진 일상을 따르는 데 교사의 많은 지도가 필요하다. 교사는 이전에 이러한 문제에 대하여 그의 어머니와 이야기를 하였지만 어머니는 아직도 수용하지 않고 있다. 지난 몇 달 동안 길수는 더 나아지지 않고 있으며 몇 차례나 바지에 대변실수를 했다. 그럴 때면 당황해하며 자신의 실수에 대해 한동안 교사에게 말하지 않는다. 길수는 의도적으로 한 일이 아니라고 이야기하지만 왜 실수를 하게 되었는지는 설명하지 못한다. 길수는 실수 후 교사를 도와 함께 더러워진 옷을 치우는 것도 꺼려한다. 교사는 길수의 대변실수는 더 큰 문제의 일부분이며 여러 영역에서 도움이 필요함을 점점 더 확신하게 되었다.

1) 전형적인 증상

유뇨증에 대한 DSM-IV-TR의 진단기준은 다음과 같다.

- 의도적이든 아니든 연속해서 3개월 동안 최소한 1주에 2회 이상 침대나 옷을 지속적으로 적신다.
- 유뇨증에 의한 심리적 우울이나 장애를 야기한다.
- 5세 이상의 유아여야 한다.
- 이러한 증상은 의학적인 문제와 무관하다.

유분증에 대한 DSM-IV-TR의 진단기준은 다음과 같다.

- 반복적으로 부적절한 곳(예 옷이나 마루)에 변을 본다.
- 대변실수가 연속해서 3개월 동안 한 달에 1회 이상 지속적으로 일어난다.
- 4세 이상의 유아여야 한다.
- 이러한 증상은 의학적인 문제와 연관이 없다.

2) 원인

이 장애의 정확한 원인은 알려져 있지 않지만 일반적인 요인은 다음과 같다.

유뇨증

- 가족력이 있는 경우 유전적 요인이 원인일 수 있다.
- 때로는 발달지체, 적절한 배변훈련의 지연 혹은 결핍, 그리고 스트레스와 연관되어 있다.
- 화장실 사용에 대한 불안 혹은 낯설고 새로운 장소에서의 화장실 사용은 유아로 하여금 소변을 참도록 하여 실수하게 할 수 있다.
- 외상적인 경험은 유아의 배변훈련을 퇴행시킨다.
- 성적으로 학대받은 유아는 화장실 사용에 어려움이 있다.

유분증

- 유분증으로 고생하는 많은 유아들은 변비를 경험한 적이 있다. 만성 변비가 있는 유아는 배설이 고통스럽기 때문에 가능한 한 변을 오래 보유하고자 하지만 결국은 실수를 하게 된다.
- 유분증으로 인한 당황감과 불안은 문제를 더 악화시킨다. 배변을 잘 할 수 있을지 걱정하거나 화장실에 가기를 두려워할 수 있다.
- 많은 경우에 배변훈련이 지연되었거나 부족했거나 비 일관적이다.
- 심각한 스트레스, 변화, 외상 및 학대는 유분증을 일으킬 수 있다.
- 고의로 부적절한 장소에서 변을 보는 것은 유아가 생활에서의 어려움을 극복하기 위한 시도일 수 있다. 이 경우에 유분증은 더 큰 맥락에서 고려되어야 한다.

3) 치료와 중재

유뇨증은 일반적으로 나이가 들면서 점차 줄어든다. 유분증 문제를 가진 유아는 당황해 하고 수치스러워하기 때문에 따뜻하게 지지하고 이해해 주는 것이 매우 중요하다. 6세 이후의 아동을 위해 추천할 수 있는 치료와 중재는 다음과 같다.

- 야뇨증 경보기는 아동을 깨워서 화장실로 가도록 도와준다. 대부분의 아동은 스스로 경보기 소리에 깨어 화장실로 가기까지 6~8주간의 훈련이 필요하다.
- 낮 동안에는 자주 주의를 환기시키고 규칙적으로 화장실에 가게 하는 것이 도움이 될 수 있다.
- 항우울제 혹은 항이뇨제와 같은 약물은 치료에 많은 도움이 되지만 모든 연령에 적합한 것은 아니다.

유분증의 치료와 중재는 의학적 그리고 심리적 중재를 모두 포함한다.

- 변비약이나 관장제를 사용하여 가끔 막힌 장관을 비우는 것이 필요하다. 적정량의 유동식과 섬유질을 섭취하는 것은 장운동을 도와 변비를 예방하는 데 도움이 된다.
- 규칙적인 화장실 사용과 변비약을 가볍게 복용하는 것은 도움이 된다.
- 배변에 대하여 비난하지 않고 따뜻하게 이해하고 지원하는 것은 매우 중요하다.
- 유분증이 심리적 외상, 스트레스, 또는 정서적인 어려움의 결과라면 치료와 중재는 좀 더 복잡해지므로 기저요인을 이해해야만 성공할 수 있다.

4) 유아교육기관에서 사용할 수 있는 전략

부모와 지속적으로 의사소통 하기 유아와 관련된 성인과 부모가 한팀을 이루어 협력할 때 유아는 가장 많이 향상된다. 배설장애 유아에게는 일관성이 필요하므로 교사는 부모와 정기적으로 의사소통 할 필요가 있다. 부모와 의사소통을 시작하고 유지하는 방법에 대한 제안은 4장에 제시되어 있다.

의학적인 진단을 받아보도록 권하기 배변문제는 요도감염 또는 변비와 같은 의학적인 문제에서 야기될 수 있다. 또한 약물치료의 부작용일 수도 있다.

배변에 대해 편안하게 이야기할 수 있게 하기 『응가 하자 끙끙』, 『누가 내 머리에 똥 쌌어!』와 같은 배변에 대한 그림책이 도움이 된다.

배변실수를 해도 꾸짖거나 비난하지 않기 유아는 이미 많이 당황하고 수치스러워하고 있으므로 일상적인 태도로 그 사건을 처리한다. 유아가 씻는 것을 도와주고 바닥의 소변을 닦거나 변을 치우도록 강요하지 않는다.

자신의 배변욕구를 더 잘 인식할 수 있도록 도와주기 유아의 배변욕구 여부를 수시로 체크한다.

변기에 앉기와 배변 시도를 위한 계획을 세우기 낮잠이나 바깥놀이와 같은 특정한 시간에 실수를 하는 유아에게는 이러한 전략이 매우 효과적일 수 있다.

화장실에서 편안하게 느끼도록 도와주기 어떤 유아는 혼자서 배변을 더 잘 보는 반면, 다른 유아는 교사가 옆에 있을 때 더 잘 본다. 많은 유아는 배변하는 동안 자기의 발바닥이 바닥에 닿을 때 가장 편안해 한다. 변기가 너무 높으면 유아가 발을 올려놓을 수 있는 발판을 제공해야 한다.

화장실 사용에 대한 언쟁을 피하기 언쟁은 문제를 악화시킨다.

12장

아동기 정신분열증

정신분열증은 주로 10대 후반에서 30대 초반 사이에 나타나는 심각한 정신질환이다. 간혹 5세나 6세경에 발견되기도 한다(DSM-IV-TR). 13세 이전에 보이는 정신분열증을 '아동기 정신분열증' 이라 부른다.

교사는 네 살 된 민규를 도저히 이해할 수 없다. 민규는 대단한 어휘력을 가지고 있고 완전한 문장을 구사하는 것처럼 보이지만, 종종 그가 말하는 뜻을 이해하기 어려울 때가 있다. 교사는 민규의 말을 알아듣기 위해 질문을 해보지만 다시 들어도 정확하게 이해하기 어렵다. 민규는 가끔씩 조금 복잡한 과제를 완성하려 할 때 혼란스러워하며 힘들어한다. 평소에 민규는 상냥하지만 불시에 공격성을 드러낸다. 예를 들면, 그는 조용히 앉아 있다가 갑자기 인형을 가지고 자기 옆에 있는 친구를 때리기도 한다. 민규는 혼자서 노는 것을 좋아한다. 교사가 말하기를 민규는 때때로 누군가가 그에게 농담을 하는 것처럼 혼자서 킥킥 웃는다고 한다. 교사는 민규가 교실 구석을 가리키면서 공룡에 대하여 이야기를 해도 도무지 무슨 말을 하는지 알 수 없다. 또한 창의적이고 상상력이 있는 것인지 또는 보고 있는 것에 대해 정말로 생각하고 있는지 알 수 없다. 교사는 종종 민규의 아주 특이한 행동에 매우 당황하기도 했다. 한 예로, 민규가 화장실 사용법을

잘 알고 있으면서도 한 번은 정글짐 아래에서 바지를 내리고 배변을 했다.

아동기 정신분열증 증상

- 실제로 존재하지 않는 일을 보거나 듣는 것처럼 행동한다.
- 비현실적인 생각을 한다.
- 아동은 자주 주제에서 벗어나거나 뜻을 이해하기 어려운 말을 한다.
- 과제를 완수하기 위하여 행동을 체계화하는 것이 어렵다.
- 기괴한 행동을 한다.
- 반응이 없고 위축되어 있다.

아동기 정신분열증장애와 유사한 다른 증상과 특성

- 초기 애착 관계의 문제
- 양극성장애
- 자폐장애
- 외상후스트레스장애

1. 전형적인 증상

DSM-IV-TR 범주에서 정신분열증 진단은 아동과 성인이 동일하다. 그러나 아주 어린 유아는 정신분열증의 모든 증상을 보이지 않으므로 나이가 더 들어야 진단이 가능하다. 아동기에 나타나는 초기 정신분열증의 증세는 성인에게서 나타나는 증상과는 다르다. 예를 들어, 혼란스런 말과 행동의 증상은 정신분열증의 초기 증상을 가진 유아에게 더 흔하게 나타난다. 유아의 환각과 망상은 성인이 경험하는 것처럼 세밀하고 조직적이지는 않다(Clark & Lewis, 1998). 또한 아동은 성인보다는 시각적인 환각을 더 가지며 정신분열증으로 진단된 아동은 운동, 언어, 그리고 사회적 기술이 지체되고 다른 사람과의 관계에서 아주 위축되어 있다.

정신분열증의 DSM-IV-TR 진단 범주에 따르면 최소한 1개월 동안 다음의 증상이 2회 또는 그 이상 유아에게 나타나야만 한다. 또한 범주의 모든 증상이 장기간 나타나지 않더라도, 최소한 6개월 동안 지속적으로 몇 가지의 증상은 나타나야 한다. 다음은 DSM-IV-TR에서 번안된 정신분열증의 전형적인 증상이다.

- 망상
- 환각
- 혼란스런 말
- 매우 혼란스런 행동: 집중하기, 지시 따르기 그리고 과제 완수하기에 어려움을 가진다.
- 이상하고 부적절한 행동 : 특별한 이유 없이 마루 위에서 몸을 꿈틀거리는 것과 같이 부적절하게 보이는 바보스럽고 이상한 행동을 포함한다. 물론 대부분의 유아는 어리석은 행동을 하는 면이 있다. 중요한 차이점은 다른 증상과 함께 이러한 바보스럽고 이상한 행동이 많이 나타난다는 것이다. 더 나이든 아동은 부적절한 성적인 행동을 보이기도 한다.
- 위생상태에 대한 관심과 인식이 거의 없다.
- 타인에게 위축되고 적절하게 반응하지 못하며 정서표현에 어려움을 보인다.

망상은 현실에 근거하지 않는 비정상적인 생각이다. 그러나 유아는 이러한 것이 분명한 사실이라고 믿는다. 예를 들어, 사실은 그렇지 않은데 사람들이 자기를 계속 노려보고 있다면서 불평을 한다. 심지어 자기 주변에 다른 아동이 없을 때나 자기를 주목하는 사람이 없는 경우에도 누군가가 자기를 해치려 한다고 말한다. 망상은 공포감을 주게 되어 유아는 편안하고 안전한 상황이 제공되어도 자신의 망상을 강하게 믿는다. 물론 유아의 믿음이 정말 망상인지를 판단할 때, 그 유아의 개인적인 경험과 문화적 신념을 고려해야만 한다. 예를 들어, 영(spirits)을 본 것에 대해 이야기를 한다면, 이것은 망상일 수도 있지만 특별한 문화적 또는 종교적 이해를 반영하는 것일 수도 있다. 유아의 이러한 믿음이 정상적인지를 확인하기 위해 가족과 함께 유아의 말을 점검하는 것은 도움이 된다.

환각은 실제 존재하지 않는 감각적인 경험이다. 유아는 다른 사람이 듣거나 보지 못하는 것을 듣기도 하고 보기도 한다. 이러한 일이 실제로 일어나지 않음에도 유아에게는 아주 실제적인 것으로 느껴진다. 후각, 미각 및 촉각에 대한 환각은 흔하지 않다.

혼란스러운 말이란 유아가 말할 때 실제 단어와 문장을 사용했음에도 불구하고 의미가 없는 것을 말한다. 유아의 생각은 종잡을 수 없고 주제 간에 연결성이 없다. 예를 들어, 최근 디즈니랜드 여행에 대하여 물어보면 아마도 유아는 이렇게 대답할 것이다. "나는 디즈니랜드에 갔다. 그리고 그때 공룡이 나왔고 나의 우유가 모두 파랗게 되고 나의 생일은 내일이다" 이처럼 말하는 것을 우리는 '뒤죽박죽 말 섞기(word salad)' 라고 부른다.

2. 원인

정신분열증의 원인은 유전적 특질과 환경의 결합에 의한 것으로 받아들여진다. 정신분열증을 가진 사람의 뇌는 그렇지 않은 사람의 뇌와 다르다는 것이 밝혀지고 있다. 또한 정신분열증으로 진단받은 가까운 친척이 있는 아동은 그 장애가 나타날 위험률이 10배나 높다(DSM-IV-TR; Gonthier & Lyon, 2004).

외상, 부모와의 빈약한 관계, 가혹한 양육, 빈곤 및 가족 스트레스는 정신분열증을 더 악화시켜 점점 다루기 어렵게 한다. 정신분열증을 가진 아동이 치료 및 중재 센터를 떠나 가혹하고 비난적이고 혼란스러운 부모에게 되돌아간다면 그들의 정신분열증은 재발되고 악화되어 병원으로 되돌아오기 쉽다(Dulmus & Smyth, 2000).

3. 치료와 중재

유아는 가능한 초기에 진단받고 치료 및 중재가 이루어져야 한다. 조기 치료와 중재는 학교에서의 참여를 높이고 다른 유아들과의 사회적 관계를 형성하도록 돕는다. 조기 치료와 중재를 받음으로써 유아는 시설에 수용되는 것을 피할 수 있거나 그 횟수를 줄일 수 있다. 정신분열증 아동에게는 대개 항정신성 약물이 처방되는데 아마도 평생을 복용해야 할 것이다.

유아와 가족에 대한 치료는 매우 도움이 된다. 부모는 이러한 장애를 이해하는 데 도움과 지원을 필요로 한다. 부모는 유아에게 적절하게 반응하는 방법과 효율적인 양육 전략을 배우는 것이 필요하다. 치료를 통해 유아는 사회적 기술과 통제 불능이 되기 전에 자신을 안정시키는 기법을 배울 수 있다. 정서에 대한 학습 또한 이러한 유아에게 유익하다.

4. 유아교육기관에서 사용할 수 있는 전략

부모와 의사소통을 유지하기 유아와 관련된 성인과 부모가 한팀을 이루어 협력할 때 유아는 가장 많이 향상된다. 정신분열증 유아에게는 일관성이 필요하므로 교사는 부모와 정기적으로 의사소통 할 필요가 있다. 부모와 의사소통을 시작하고 유지하는 방법에 대한 제안은 4장에 제시되어 있다. 교사가 유아의 이상한 행동을 목격하는 첫 번째 사람이 될 수 있다. 교사가 관찰한 행동에 대해 듣는 것은 부모에게 두려운 일일 수 있으므로 교사가 무엇을 보았고, 왜 염려하는지 부모에게 정확하게 알려주어야 한다. 다른 경우와 마찬가지로 진단하려고 하거나 망상이나 정신분열증과 같은 용어를 사용해서는 안 된다. 부모에게 집에서 관찰된 유아의 행동에 대해 물어보고 가족이 전문적인 평가를 받을 수 있도록 지원한다. 문제가 빨리 확인될수록 유아가 행복하고 성공적인 삶을 살아가는 데 필요한 도움을 더 빨리 받을 수 있음을 명심해야 한다. 평가를 받게 되더라도 정신분열증으로 진단될 수 있는 증상이 충분하지 않을 수 있으므로, 유아가 좀 더 나이가 들어 더 많은 증상을 보일 때까지 진단을 유보해야 할지도 모른다.

친밀하고 신뢰로운 관계 만들기 이것은 쉽지 않을 수 있다. 유아와 대화를 하는 것은 힘든 일이기 때문에 교사는 유아를 피하고 싶은 느낌을 가질 수 있다. 결국 교사는 자기 자신과 이야기하는 것 같은 느낌을 갖게 되지만 유아와 관계 할 수 있는 기회를 계속 찾아보아야 한다. 예를 들어, 유아가 물놀이대에서 혼자 놀기를 좋아한다면 유아의 옆에서 같이 놀도록 한다. 이렇게 하면 유아는 아마도 휴식시간에 교사가 자신의 등을 쓰다듬을 때 이를 수용하거나 점심시간에 교사의 식사준비를 도울 것이다. 따뜻하고 애정적인 방법으로 유아와 관계를 맺을 수 있는 어떤 기회라도 찾아 활용한다.

유아가 자기정서를 이해하고 안전감을 느낄 수 있도록 돕기 유아의 정서를 확인하기 위하여 적극적인 경청을 사용한다. 예를 들어, 유아가 "빛이 나를 잡아 먹을까봐 두려워요" 라고 말하면, 교사는 "너는 빛을 무서워하는구나. 자 이리와. 우리가 빛을 보는 동안 내가 너를 안전하도록 지켜줄께. 그게 정말 무엇인지 같이 알아보도록 하자" 라고 말한다.

유아가 주고받기 놀이나 대화와 같은 사회적 · 정서적 기술을 배우도록 돕기 교사는 수와 모양을 가르치는 것과 같은 방식, 즉 시범을 보이고, 코치하고, 연습하고, 역할놀이 등을 함으로써 사회적 기술을 가르친다.

양극성장애뿐만 아니라 주의력결핍과잉행동장애, 적대적반항장애 및 품행장애 유아를 위해 유아교육기관에서 사용할 수 있는 전략에서 아이디어 얻기 이러한 전략들은 정신분열증 증상을 가진 유아에게 도움이 될 수 있다. 자극감소시키기, 일관된 일과 계획하기, 구조화하기, 긍정적인 행동 인정하기, 사회적 기술 가르치기, 공격성 다루기 및 기질폭발 다스리기 등을 위해 그러한 전략을 사용해 볼 수 있다.

부록

Common
Psychological Disorders in
Young Children

〈부록〉 사회적 · 정서적 발달이정표

	이유기	초기 걸음마기	후기 걸음마기	자립기	취학전기
또래 관계, 애정, 편안함, 그리고 지지를 얻기 위해 신뢰하는 성인 찾기	돌보거나 수유를 하는 동안 성인의 눈을 들여다본다. 성인이 달래주면 반응한다. 친숙한 성인을 알아보고 다가간다.	친숙한 성인 옆에 머물고자 한다. 위로와 도움을 받고 단순한 게임에 참여하기 위해 친숙한 성인에게 돌아간다. 친숙하지 않은 사람들과 함께 있는 것을 힘들어한다. 친숙한 사람의 행동을 모방한다.	성인의 도움과 관심을 요구한다. 양육 일과와 간단한 게임에 참여하기 시작한다. 성인과 가까이 있음을 상징하는 전이 대상물을 사용한다. 성인에게 의존하기와 저항하기가 번갈아 일어난다.	성인을 자원과 역할모델로 여긴다. 두려움 없이 성인과 분리될 수 있다.	성인과 더불어 작업하고 놀이하는 것을 즐긴다. 필요할 때 성인의 도움과 지지를 구한다.
예시	성인이 안고 흔들어 줄 때 울음을 그친다. 하루 종일 엄마 팔에 매달린다.	성인을 따라 방 주위를 기어 다닌다. 주변을 탐색하기 위해 성인의 무릎에 앉았다 가기를 반복한다. 성인과 까꿍 놀이한다. 낯선 사람에게는 고개를 돌려버린다. 성인의 안경을 벗겨 자기 얼굴에 끼고자 한다.	높은 곳에 올라가고자 할 때 "도와주세요"라고 소리 지른다. 식사 후에 성인이 주는 티슈로 입을 닦는다. 성인과 함께 간단한 게임을 한다. 스트레스를 받을 때는 위로받고자 담요나 가족 사진을 가져온다. 아이를 떼어놓으면 바로 "싫어"라고 말하며 달려와 안기고 애정을 표현한다.	소꿉영역에서 가족 흉내를 낸다. 주방으로 급식카트를 밀어 달라고 교사에게 요구한다. 교사가 손가락을 다쳤을 때 손가락에 "호~"하고 입으로 불어준다. 등원 시에 아빠를 안고 작별인사를 한 후 놀이 친구에게 간다.	율동을 하기 위해 교사가 책상을 옮기면 도와주려고 온다. 프로젝트를 하기 위해 더 많은 파란색 물감을 달라고 교사에게 요구한다. 교사에게 특별한 놀이를 하자고 요구한다. 놀다가 다치면 교사에게 와서 밴드를 붙여달라고 요구한다.

	이유기	초기 걸음마기	후기 걸음마기	자립기	취학전기
친구, 관계 형성 및 공동체 생활을 위해 타인 찾기	표정을 탐색한다. 다른 사람의 얼굴과 신체를 살핀다. 다른 유아를 살피고 반응을 보인다. 다른 유아와 함께하는 것에 흥미를 가진다.	다른 유아와의 놀이에 흥미를 보인다. 가까이 있는 유아와 최소한의 상호작용을 유지하는 놀이에 참여한다.	놀이하는 동안 친구를 찾는다. 좋아하는 한두 명의 유아와 놀이를 한다. 잠깐 같은 주제로 놀이를 지속한다. 다른 유아와 더불어 일과에 참여하기 시작한다.	한 명 혹은 여러 명의 유아들이 하는 놀이에 들어가서 쉽게 어울린다. 다른 유아와 함께 사회적 게임과 가장놀이에 열중한다.	가장 친한 친구를 만들기도 하고, 가장 친한 친구가 되어 주기도 한다. 협동놀이를 이끌거나 다른 유아와 함께 참여하기도 한다. 자신이 집단의 한 구성원임을 안다.
예시	자신보다 나이 많은 아이의 움직임을 따라 고개를 돌린다. 손을 뻗어 옆에 있는 아이의 얼굴을 만지려고 한다.	위층으로 기어 올라가는 유아를 유심히 관찰한다. 책을 보고 있는 아이 옆에서 장난감을 가득 채웠다가 쏟아 부으며 논다.	다른 유아가 놀고 있는 블록과 자동차 영역으로 간다. 대부분 선택놀이 시간에는 특별한 친구와 함께 놀이한다. 교사가 음식 만들기 프로젝트를 시작하는 것을 보면 합류하기 위해 달려간다.	모래 위에 강 만들기를 하는 유아를 지켜보다가 돕기 시작한다. 감각영역에 있는 유아에게 다가가서 "뭐하고 있어?"라고 묻는다. 소꿉영역에서 애완용 고양이 흉내를 낸다.	"나는 엄마 할께. 너는 아기 해"라고 말한다. 구성영역에서 다른 유아와 함께 큰 도시를 만든다. "나는 장군이다"라고 말한다.

	이유기	초기 걸음마기	후기 걸음마기	자립기	취학전기
행동, 정서, 그리고 주의력 조절 배우기	먹고 자는 패턴이 발달된다. 정서상태를 몸으로 보여준다. 자가-위로 전략을 찾기 시작한다. 자신을 위로하는 성인의 시도에 반응을 보인다. 눈에 보이는 것과 소리에 관심을 갖기 시작한다.	상호조절을 위해 성인을 참조한다. 분리를 견디기 위하여 전이 대상물을 사용한다. 특정한 사람이나 물건을 찾아내어 자신을 위로한다. 몰입하지만 쉽게 주의가 분산된다.	배변훈련을 한다. 간단하고 쉬운 일과를 요구하면 따른다. 제한에 반응하고 시험하기도 한다. 산만하게 여기저기 관심을 보이지만 처음 과제로 돌아온다.	정해진 일과를 따른다. 환경과 상황에 따라 행동을 조정할 수 있다. 자기 말(혼잣말)로 행동을 조절한다. 성인이 구조화해주면 교대하기, 기다리기, 공유하기가 가능하다. 과제에 집중할 수 있다.	매일의 일과, 전이 그리고 활동을 예측하고 참여한다. 매일의 일과와 계획의 변화를 수용한다. 학습된 기술을 사용하여 자신의 행동, 정서, 주의력을 조절할 수 있다. 자신과 타인을 정서적으로 흥분시키는 것이 무엇인지 안다. 한 번에 두 가지 일을 할 수 있다.
예시	하루에 두 번, 즉 오전과 점심 후에 한 번씩 낮잠 자는 것이 정해진다. 배가 고프면 울기도 하고 팔과 다리를 웅크린다. 편안하게 잠들기 위해 손가락을 빤다. 성인이 흔들어 주면 울음을 그친다. 바람에 흔들리는 모빌을 쳐다본다. 소리가 나는 곳으로 머리를 돌린다.	물건에 손을 뻗다가 허락을 얻기 위해 성인을 쳐다본다. 엄마가 그리우면 엄마의 특정 물건(예 지갑)과 비슷한 장난감을 가지고 온다. 장난감 드럼을 갖고 놀다가 관심 있는 다른 활동을 찾으면 금방 그것을 놓아버린다.	배변훈련을 시작한다. 간식 전에 손을 씻으라는 성인의 요구에 응한다. 안으로 들어오라고 부르면 도망간다. 놀이 중에 다른 영역에서 아이들 웃음소리가 들리면 그 쪽을 쳐다보다가 다시 자기의 놀이로 돌아온다.	밖으로 나가려고 복도를 달려가다가도 걷기를 재인시키면 걸어서 간다. 욕실 사용 후 "화장실 물을 내려라"라며 혼잣말을 한다. 성인이 촉구하면 그네를 다른 유아에게 양보한다. 다른 활동이 주변에서 이루어지더라도 자기의 미술 프로젝트를 계속한다.	실외놀이에서 들어와 성인의 요구 없이도 집단활동에 참여한다. 현장견학활동 시 혼자 뒤쳐지지 않는다. 사전에 배웠거나 모델을 보면 차례 지키기, 공유하기, 기다리기, 말로 표현하기가 가능하다. "한나에게 아무도 양보하지 않아서 한나가 울고 있어요"라고 말한다. 점심을 먹으면서 동시에 대화를 나눌 수 있다.

	이유기	초기 걸음마기	후기 걸음마기	자립기	취학전기
다른 사람과 상호작용하기 위해 의사소통 및 사회적 기술을 발달시키기	다른 사람이 주위에 있으면 미소 짓고 소리 내 웃는다. 요구를 알리기 위해 소리 내 운다. 옹알이로 사회적 놀이에 반응한다.	익숙한 행동에 대한 간단한 지시를 따른다. 기본적인 요구, 기대, 그리고 감정을 단순한 행동이나 울음으로 표현한다. 단순한 단어나 구절을 이해한다.	다른 사람과 의사소통을 시도하기 위하여 간단한 문장을 사용한다. 상징놀이를 시작한다. 사회적 언어가 부족할 때는 신체적 행동을 한다.	익숙한 행동에 대한 두 가지의 연속된 지시를 따른다. 감정을 설명하고 시작, 중간, 결말 있는 이야기를 말하기 위해 좀 더 복잡한 방법으로 언어를 사용한다.	익숙하지 않은 과제에 대한 세 가지의 연속된 지시를 따른다. '왜', '어떻게'의 의미를 이해한다. 감정의 원인과 결과에 대해 설명할 수 있다.
예시	성인의 미소에 미소로 반응한다. 기저귀가 젖으면 운다. 누군가 자기에게 말을 걸고 놀이를 시도하면 옹알이로 반응한다.	촉구하면 안녕(bye-bye)의 뜻으로 손을 흔든다. 우유를 더 달라고 컵을 잡는다. 배가 고프거나 많이 지치면 울거나 보챈다. 성인이 "밖으로 나갈까?"라고 하면 팔에 매달린다.	"우유 더 주세요", "낮잠 안 잘래요", "읽어줘"라고 말한다. 블록을 크래커라고 가장을 하면서 먹는 흉내를 낸다. 다른 유아와 의사소통을 하기 위해 때리고 깨문다.	"손을 씻고, 간식테이블에 앉으세요"라고 하면 곧바로 지시를 따른다. "나는 그림 그리고 싶어요" 혹은 "나의 강아지가 도망가서 돌아오지 않아요. 형이 강아지를 찾고 있어요"라고 말한다.	"종이에 네 몸을 본떠서, 얼굴을 그려 넣고, 종이 위에 너의 이름을 적어라"라고 말하면 그대로 수행한다. "형이 강아지를 잃어버려서 울고 있어요" 라고 말한다. 간식을 먹으면서 함께 보았던 영화에 대해 대화를 나눈다.

	이유기	초기 걸음마기	후기 걸음마기	자립기	취학전기
자기 스스로 무엇을 할 수 있으며, 어떤 일이 일어나게 할 수 있고 문제를 해결할 수 있음을 깨닫기 (자기 효능감)	옹알이와 몸짓 언어로 다른 사람과 의사소통하고자 한다. 같은 물건을 반복하여 탐색한다.	다른 사람에게 미치는 영향은 고려하지 못한 문제해결 방법을 시도한다. 문제를 해결하는데 도움이 되는 성인을 찾는다.	긍정적인 피드백 혹은 도움을 얻기 위하여 성인의 주의를 끈다. 자기 스스로 해보려고 고집을 부린다. 신체적 움직임의 원인과 결과를 탐색한다.	타인을 때리거나 공격하지 않고 요구와 바람을 주장한다. 성인의 도움 없이 여러 단계의 과제를 완성한다. 공간과 재료를 공유하기 위해 학습된 사회적 기술을 사용한다.	한 가지 방법으로 풀리지 않는 복잡한 일을 여러 가지 방법으로 시도해 본다. 문제에 대한 근본적인 해결책을 세우기 시작한다.
예시	다른 사람이 자신을 안아주기를 바라거나 함께 놀고 싶은 마음을 알린다. 수유가 끝나면 머리를 돌린다. 머리 위에 걸려 있는 모빌을 발로 찬다.	간식을 더 받으려고 책상 위에 있는 빈 그릇을 쾅쾅 친다. 책 가까이에 다가가고자 다른 유아 위에 앉는다. 신발을 신겨달라고 성인의 무릎 위에 신발을 놓는다.	미끄럼틀 위로 올라가며 "나 좀 봐"라고 소리친다. 지퍼가 있는 옷을 입을 때 성인의 손을 밀치며 스스로 입으려고 한다. 성인이 도와주려고 하면 "내가 할거야"라고 소리친다. 무슨 일이 일어나는지 보려고 화장실 물을 계속해서 흘려보내고 싱크대 물을 틀어 놓기도 한다.	그네를 타다가 다른 유아에게 "네 차례야"라고 말한다. 그림을 오려서 속지에 풀로 붙여 책을 만든다. 차례를 지켜 공을 바구니에 교대로 던져 넣는다.	두 개의 상자를 붙여 강아지 집을 만드는 여러 가지 방법을 구상한다. "어떻게 해야 레고로 더 많은 차를 만들 수 있을지 나는 알아요"라고 말한다.

	이유기	초기 걸음마기	후기 걸음마기	자립기	취학전기
자기 이해와 타인과의 관계 발달시키기	표정에 반응한다. 울음으로 요구를 표시한다.	자신과 친숙한 사람을 인지한다. 다른 사람의 정서에 따라 자신의 행동을 바꾼다.	부모와 자신을 분리하고자 한다. 그러나 양가 감정을 표현한다. 자신과 다른 사람을 연결하여 생각을 표현한다. 다른 사람의 감정을 알아차리고 반응한다.	성인이 놀이공간과 재료를 함께 사용하도록 지도하면 그에 따른다. 또래의 요구나 주장에 반응을 보인다.	다른 사람의 감정에 공감하는 단어를 사용하거나 행동을 한다. 주어진 상황에서 다른 사람이 어떻게 행동할지 예측할 수 있다. 누군가에게 잘못했을 때 사과하려고 한다.
예시	타인에게 미소짓고 옹알이 하여 반응한다. 배고프거나 지치면 운다.	거울을 보고 자신을 안다. 할머니의 사진을 가리키며 "함미"라고 말한다. 다른 유아가 웃고 손뼉 치면 자기도 그렇게 한다.	부르면 "싫어"하고 도망가나 다시 돌아와 울면서 안아달라고 한다. 교실에서 손위 형제가 자기 이름을 부르면 달려가 안긴다. 아이가 우는 것을 보고는 어른에게 가서 "영희가 울어요"라고 말한다.	성인이 촉구하면 다른 유아가 집단모임에 앉도록 자리를 옮겨준다. 성인이 시키면 옆에 있는 유아에게 감자 그릇을 건네준다. 소꿉영역에서 "나도 같이 놀 수 있니?"라고 말하는 유아를 놀이에 참여시킨다.	"어디 손가락 좀 보여 줘. 다친 거야?"라고 한다. 늑대가 작은 돼지를 쫓아 갈 때 돼지는 어떤 기분이 들지 유아에게 물으면, "돼지는 무서울 거예요"라고 말한다. 우연히 다른 사람의 손을 밟으면 "미안해"라고 말한다.

참 고 문 헌

American Academy of Child and Adolescent Psychiatry. 2004. Psychiatric medication for children and adolescents. Part II: types of medications. Facts for Families Information Sheet No. 29. http://www.aacap.org.

American Academy of Child and Adolescent Psychiatry. 2005. Practice parameters for the assessment and treatment of children and adolescents with reactive attachment disorder of infancy and early childhood. http://www.aacap.org/clinical/parameters/fulltext/rad.pdf.

American Psychiatric Association. 2006. Children, mental illness and medicines. http://www.healthyminds.org.

American Psychiatric Association. 2000. DSM-IV-TR: *Diagnostic and statistical manual of mental disorders.* 4th ed. Text Revision. Washington, DC: American Psychiatric Association Press.

Bailey, R. A. 2001. *Conscious discipline.* Lewisville, NC: Kaplan Early Learning Company.

Bates, J. E., et al. 1991. Origins of externalizing behavior problems at eight years of age. In D. J. Pepler and K. H. Rubin, eds., *The development and treatment of childhood aggression*, 93–120. Hillsdale, NJ: Erlbaum.

Beebe, B., and F. M. Lachmann. 2002. *Infant research and adult treatment.* Hillsdale, NJ: The Analytic Press, Inc.

Bilmes, J. 2004. *Beyond behavior management: The six life skills children need to thrive in today's world.* St. Paul, MN: Redleaf Press.

Campbell, S. B. 1995. Behavior problems in preschool children: A review of recent research. *Journal of Child Psychology and Psychiatry* 36: 113–49.

Clark, A., and S. Lewis. 1998. Practitioner review: Treatment of schizophrenia in childhood and adolescence. *Journal of Child Psychology and Psychiatry* 39 (8): 1071–81.

Copple, C., ed. 2003. *A world of difference: Readings on teaching young children in a diverse society.* Washington, DC: NAEYC.

Crockenberg, S., and E. Leerkes. 2000. Infant social and emotional development in family context. In *Handbook of Infant Mental Health*, edited by C. H. Zeanah, 60–90. 2nd ed. New York: Guilford Press.

DeGangi, G. 2000. *Pediatric disorders of regulation in affect and behavior: A therapist's guide to assessment and treatment.* San Diego: Academic Press.

Dulmus, C. N., and Smyth, N. J. 2000. Early-onset schizophrenia: A literature review of empirically based interventions. *Child and Adolescent Social Work Journal* 17: 55–69.

Finello, K. M., ed. 2005. *The handbook of training and practice in infant and preschool mental health.* San Francisco: Jossey-Bass.
Fraser, K. M. 2002. Too young for attention deficit disorder? Views from preschool. *Journal of Developmental and Behavioral Pediatrics* 23 (Sup. 1): S46–S50.

Gimpel, G. A., and M. L. Holland. 2003. *Emotional and behavioral problems of young children: Effective interventions in the preschool and kindergarten years.* New York: The Guilford Press.

Gomi, Taro. 1993. *Everyone poops.* La Jolla, CA: Kane/Miller.

Gonthier, M., and M. A. Lyon. 2004. Childhood onset schizophrenia: An overview. *Psychology in the Schools* 41 (7): 803–11.

Gorman-Smith, D. 2003. Effects of teacher training and consultation on teacher behavior toward students at high risk for aggression. *Behavior Therapy* 34: 437–52.

Greenspan, S. I. 2006. *Engaging autism: Helping children relate, communicate and think with the DIR floortime approach.* New York: Perseus Books Group.

———. 1997. *Developmentally based psychotherapy.* Madison, CT: International Universities Press.

Greenspan, S. I., S. Wieder, PhD, and R. Simons. 1998. *The child with special needs: Encouraging intellectual and emotional growth.* Cambridge, MA: Perseus Publishing.

Gutstein, S. E. 2001. *Autism Asperger's: Solving the relationship puzzle—a new developmental program that opens the door to lifelong social and emotional growth.* Arlington, TX: Future Horizons.

Hoagwood, K., et al. 1996. Outcomes of mental health care for children and adolescents: I. A comprehensive conceptual model. *Journal of the American Academy of Child and Adolescent Psychiatry* 35: 1055–63.

Holzwarth, Werner, and W. Erlbruch. 1993. *The story of the little mole who went in search of whodunit.* New York: Stewart, Tabori, and Chang.

Kaiser, B., and J. S. Rasminsky. 2003. *Challenging behavior in young children: Understanding, preventing and responding effectively.* Boston: Allyn and Bacon.

Kessler, R. C., et al. 2005. Prevalence, severity, and comorbidity of twelve-month DSM-IV disorders in the National Comorbidity Survey Replication (NCS-R). *Archives of General Psychiatry* 62 (6): 617–27.

Koplow, L. 2002. *Creating schools that heal: Real-life solutions.* New York: Teachers College Press.

Koralek, D. 1999. *For now and forever: A guide for families on promoting social and emotional development.* Villanova, PA: The Devereux Foundation.

Kranowitz, C. S. 1998. *The out-of-sync child: Recognizing and coping with sensory integration dysfunction.* New York: Skylight Press.

Kremer, D., and J. David, eds. 2002. *Head Start bulletin: Child mental health,* Issue 73. Washington, DC: Head Start Bureau.

Linder, T. W. 1993. *Transdisciplinary play-based assessment: A functional approach to working with young children.* Baltimore: Paul H. Brooks Publishing.

Linfoot, K., A. J. Martin, and J. Stephenson. 1999. Preventing conduct disorder: A study of parental behaviour management and support needs in children aged 3 to 5 years. *International Journal of Disability, Development and Education* 46 (2): 223–46.

Lynch, E. W., and M. J. Hanson. 1998. *Developing cross-cultural competence: A guide to working with children and their families.* Second edition. Baltimore: Paul H. Brookes Publishing.

Mann, T. 1998. Promoting mental health of infants and toddlers in Early Head Start: Responsibilities, partnerships and supports. *Zero to Three* 18 (2): 37–40.

Marshall, H. H. 2001. Cultural influences on the development of self-concept: Updating our thinking. *Young Children* 56 (6): 19–22.

Marvin, R. S., and P. A. Britner. 1999. Normative development: The ontogeny of attachment. In *Handbook of Attachment,* edited by J. Cassidy and P. R. Shaver, 44–67. New York: Guilford Press.

Mick, E., et al. 2003. Defining a developmental subtype of bipolar disorder in a sample of non-referred adults by age at onset. *Journal of Child and Adolescent Psychopharmacology* 13: 453–62.

Minnesota Association for Children's Mental Health. 2005. *A teacher's guide to children's mental health.* St. Paul, MN: MACMH.

Munsch, Robert. 1987. *I have to go!* Toronto, ONT, Canada: Annick Press.

National Institute of Mental Health. 2002. *Medications.* Bethesda, MD: National Institute of Mental Health, National Institutes of Health, U.S. Department of Health and Human Services.

National Research Council and Institute of Medicine. 2000. *From neurons to neighborhoods: The science of early childhood development.* Washington, DC: National Academy Press.

Papolos, D., and J. Papolos. 2002. *The bipolar child: The definitive and reassuring guide to childhood's most misunderstood disorder.* New York: Broadway Books.

Parlakian, R., and N. L. Seibel. 2002. *Building strong foundations: Practical guidance for promoting the social-emotional development of infants and toddlers.* Washington, DC: Zero to Three.

Perry, B. D., et al. 1995. Childhood trauma, the neurobiology of adaptation, and "use-dependent" development of the brain: How "states" become "traits." *Infant Mental Health Journal* 16 (4): 271–91.

Quinn, M. M., et al. 2000. *Teaching and working with children who have emotional and behavioral challenges.* Longmont, CO: Sopris West.

Rimm-Kaufman, S. E., R. C. Pianta, and M. J. Cox. 2000. Teacher's judgments of problems in the transition to kindergarten. *Early Childhood Research Quarterly* 15: 147–66.

Scheeringa, M. S., and T. J. Gaensbauer. 2000. Posttraumatic stress disorder. In *Handbook of Infant Mental Health,* edited by C. H. Zeanah Jr., 369–81. 2nd ed. New York: Guilford Press.

Scheeringa, M. S., and C. H. Zeanah. 1995. Symptom expression and trauma variables in children under 48 months of age. *Infant Mental Health Journal* 16 (4): 259–70.

Schore, A. N. 1999. *Affect regulation and the origin of the self: The neurobiology of emotional development.* Mahwah, NJ: Lawrence Erlbaum Associates.

Schore, A. N. 2001. The effects of early relational trauma on the right brain development, affect regulation, and infant mental health. *Infant Mental Health Journal* 22 (1–2): 201–69.

Shore, R. 1997. *Rethinking the brain: New insights into early development.* New York: Families and Work Institute.

Spitz, R. 1946. Hospitalism: A follow-up report. *Psychoanalytic Study of the Child* 2: 313–42.

Surgeon General, U.S. Public Health Service. 1999. *Mental health: A report of the surgeon general.* Washington, DC: Government Printing Office.

Thomas, A., and S. Chess. 1977. *Temperament and development.* New York: Brunner/Mazel.

U.S. Department of Health and Human Services. 1999. *Mental health: A report of the surgeon general—Executive summary.* Rockville, MD: U.S. Department of Health and Human Services, Substance Abuse and Mental Health Services Administration, Center for Mental Health Services, National Institutes of Health, National Institute of Mental Health.

Webster-Stratton, C. 1993. Strategies for helping early school-aged children with oppositional defiant and conduct disorders: The importance of home-school partnerships. *School Psychology Review* 22 (3): 437–57.

Webster-Stratton, C., M. J. Reid, and M. Hammond. 2001. Preventing conduct problems, promoting social competence: A parent and teacher training partnership in Head Start. *Journal of Clinical Child Psychology* 30 (3): 283–302.

———. 2004. Treating children with early-onset conduct problems: Intervention outcomes for parent, child, and teacher training. *Journal of Clinical Child and Adolescent Psychology* 33 (1): 105–24.

Weyandt, L. L. 2005. Executive function in children, adolescents, and adults with attention deficit hyperactivity disorder: Introduction to the special issue. *Developmental Neuropsychology* 27 (1): 1–10.

Wilens, T. E. 2004. *Straight talk about psychiatric medications for kids.* New York: Guilford Press.

Yoshikawa, H., and J. Knitzer. 1996. *Lessons from the field: Head Start mental health strategies to meet challenging needs.* New York: National Center for Children in Poverty.

Zero to Three. 1992. *The zero to three child care anthology 1984–1992.* Arlington, VA: National Center for Clinical Infant Programs.

Zero to Three. 2005. DC:0–3R: *Diagnostic classification of mental health and developmental disorders of infancy and early childhood.* Revised edition. Washington, DC: Zero to Three Press.

찾아보기

역 자 소 개

정계숙

연세대학교 대학원 아동학과 졸업(이학박사)
부산대학교 유아교육과 교수

박명화

대구대학교 대학원 특수교육과 졸업(문학박사)
부산장신대학교 특수교육과 교수

노진형

부산대학교 대학원 유아교육학과 졸업(교육학박사)
부산대학교 유아교육과 BK21 교수

이은하

부산대학교 대학원 유아교육학과 졸업(교육학박사)
경북도립대학 유아교육과 교수

김미정

부산대학교 대학원 유아교육학과 졸업(교육학박사)
부산대학교 영유아보육연구소 Post-Doc.

윤갑정

부산대학교 대학원 유아교육학과 졸업(교육학박사)
University of Wisconsine Madison Post-Doc.

이정희

부산대학교 대학원 유아교육학과 졸업(교육학박사)
동주대학 유아교육과 교수

유아기 심리적 장애

초판 1쇄 발행 2010년 7월 30일
2쇄 발행 2012년 1월 26일

지 은 이 | Jenna Bilmes and Tara Welker, PhD
옮 긴 이 | 정계숙 · 박명화 · 노진형 · 이은하
김미정 · 윤갑정 · 이정희
펴 낸 이 | 김기섭
책임편집 | 박연순
펴 낸 곳 | 창지사 www.changjisa.com
153-802 서울시 금천구 가산동 345-13 파트너스타워1차 9층
전화 (02)719-2211~3
팩스 (02)701-9386
등 록 | 1977년 4월 28일 · 제1-421호

ISBN 978-89-426-1091-4 (93370)

값 10,000원